やった！家ごはん

藤原美樹

主婦の友社

残さない 家ごはんの コツは?

1 献立のメインは

みんなが好きな料理

作る人が
食べたい料理(たとえば野菜いため)
ではなくて、メインは
みんなのテンションが
上がるものを。そうすれば
副菜の野菜いためも進みます。

2 食欲をそそる

おいしそうな見た目

茶色くてもいいんです!!
照りとつや、見た目が
おいしそうに見えれば勝ちです。

3 ごはんに合う

ちょっと甘めな味つけ

甘辛味、
甘ずっぱい味は、
家族に人気!ごはんが進む!
苦手な野菜も
甘いと食べやすいです。

どんな料理も味見をして

自分がおいしい!!

と思ってから家族に出しましょう。──みきママ

献立ってどう決めるの？

みんなが好きな1品目を決めてから
味の違う2品目を組み合わせればOK!!

1品目 鶏肉の
シチューだ！

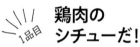

クリーム

ズバリ今日
食べたいもの

2品目 パスタなし
ナポリタン

ケチャップ

どの料理に
する？

1品目 豚肉のみそ
いためだ！

みそ

冷蔵庫に
あるもので

2品目 煮物

しょうゆ

インデックス
から
選ぼう！

1品目 さんまの
かば焼きだ！

しょうゆ

スーパーの
特売で

2品目 野菜いため

塩

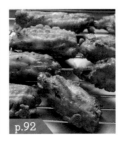

献立が
決まったら

① 買い物
して

② 保存
して

③ 段取り
よく作ろう!!

次のページから、みきママの献立術教えます！————▶

3日分を生き抜く食材を買っておく

肉3種類+魚2種類を買う!

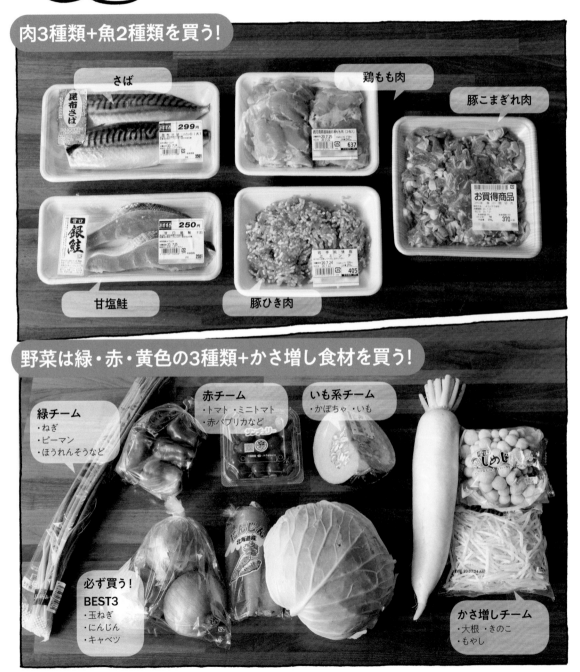

さば

鶏もも肉

豚こまぎれ肉

昆布さば 299円

637

お買得商品 370

甘口 銀鮭 250円

甘塩鮭

豚ひき肉 405

野菜は緑・赤・黄色の3種類+かさ増し食材を買う!

緑チーム
・ねぎ
・ピーマン
・ほうれんそうなど

赤チーム
・トマト ・ミニトマト
・赤パプリカなど

いも系チーム
・かぼちゃ ・いも

必ず買う!
BEST3
・玉ねぎ
・にんじん
・キャベツ

かさ増しチーム
・大根 ・きのこ
・もやし

「忙しくて時間がない」「帰宅後はヘトヘト」という人こそ、
3日分の食材を買っておくと心強い！
むだにせず使いきれるように、
いつも定番だけでいいんです。

自転車で
買い出しだ
ニャー！

かさ増し食材を買う！

肉・魚のメイン料理でもの足りないときは、これらの出番。

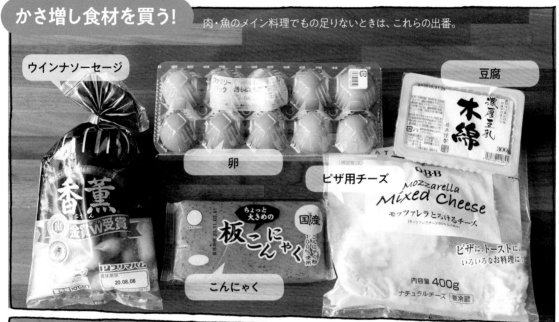

ウインナソーセージ

卵

豆腐

こんにゃく

ピザ用チーズ

出すだけ食材を買う！

あと1品を作る余裕がないとき、そのまま出せる救世主！

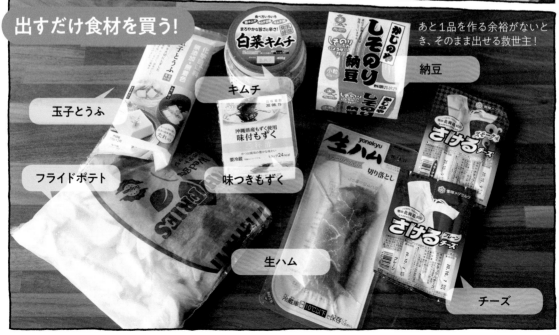

玉子とうふ

キムチ

納豆

フライドポテト

味つきもずく

生ハム

チーズ

みきママの献立術 **2**

**保存は
どうしたら
いいの?**

新鮮さをキープして
おいしく使いきり!

野菜は保存袋で冷蔵してパリッと長もちさせよう!

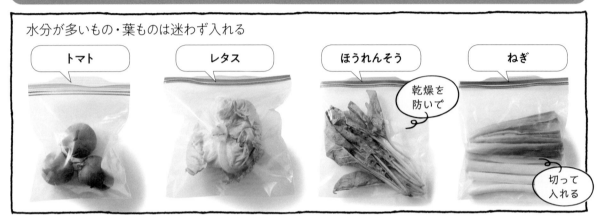

水分が多いもの・葉ものは迷わず入れる

トマト

レタス

ほうれんそう
乾燥を
防いで

ねぎ
切って
入れる

根菜も
野菜室がおすすめ

ごぼう

にんじん
立てて
保存

玉ねぎ

大根
切って
入れる

きのこは切っておくと
使いやすい

きのこ
冷凍すると
うまみアップ

選び方の
コツだニャ〜

ひげ根の
くぼみが
まっすぐなもの

種が
大きいもの

かぼちゃ

大根

「野菜室の奥に干からびた大根が……」
なんてことはない？ せっかく買った食材を
"化石"にしないために、保存方法を工夫して、
おいしさを長もちさせましょう。

この
ストックが
心の余裕♡

肉は凍らせてから
"立てて"保存

使いたい肉は
前日に冷凍庫から
冷蔵庫へ

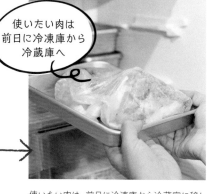

使いたい肉は、前日に冷凍庫から冷蔵室に移し
ておくと、自然解凍できます。

冷凍室に
お肉やお魚があると、
買い物に
行かなくていいから
ラクチン！

冷凍しておくと便利！

魚

しらすは保存袋に、
切り身はラップで包む

ピザ用チーズ

冷凍1時間後に振ってほぐし、
さらに1時間後に振って
ほぐせばサラサラ！

ベーコン

ラップを敷いて
くっつかないようにする

ちくわ・油揚げ

保存袋に入れて冷凍

残ったおかず

おべんとう用に小分けにする

時計を見て効率よく 30分をめざそう！

START —————— 10分 —————— 17分 ——————

1 テーブルを
片づけて箸や
取り皿、飲み物を
用意しておく

料理ができたら
すぐ並べられるよ！

2 材料をまとめて全部切る

包丁とまないたが
片づくから
調理台が
すっきり！

3 先にサラダやスープを作る

メインにとり
かかる前に
作っておく！

サラダ

→ 食べるまで冷蔵室へ

スープ

→ 食べるときに再加熱

限られた時間内で作るには、段取りが大事！
切るのに5分、加熱に10分など
時間を意識すると、
動きがスピードアップします。

ヨーイドン！で
作るニャ〜

献立が
30分で
完成

GOAL

20分

30分

4 調味料を準備しておく

いため物の味つけ

もたもた
しやすい人は
合わせておくと
あわてない

家ごはんを
おいしく食べれば
ストレスゼロ

5 2品を同時加熱する！

電子レンジでチン！

レンジで
ほったらかし料理
にする

その間に

フライパン調理

メインは
直前に火を
通す

忙しくてもラクラク調理！

この本のレシピは、家ごはんを簡単＆スピーディーに、楽しく作れるように工夫しました。

目安時間が
わかる
下ごしらえから
盛りつけまでの
およその
時間です

メインの
食材が
マークで
わかる

切る、下味つけ
の下ごしらえが
見てわかる

写真で
見たまんま
作れる！

15 min.

ピーマンの肉詰め
可愛くない？

材料(2人分)
A 豚ひき肉……200g
　玉ねぎ(みじん切り)……1/2個
　卵……1/2個分
　パン粉　大さじ1と1/2
　塩、こしょう……各少々
ピーマン……3個
かたくり粉　大さじ1
サラダ油　小さじ1/2
B トマトケチャップ　大さじ3
　中濃ソース　大さじ1と1/2

下ごしらえ

A
粘りが出るまで
よくまぜる

ピーマン
3等分の
輪切り

**1 かたくり粉を
つける**
ピーマンの内側にたっぷり
とかたくり粉をまぶす。

2 詰める
ピーマンで肉だねをすくう
ようにし、ボウルのヘリに
押しつけて詰める。

3 焼く
フライパンにサラダ油を中
火で熱し、2を盛りつける
ときに上にする面を下にし
て並べ、焼き色がつくまで
2〜3分焼く。

中火

4 蒸し焼きにする
上下を返し、水100mlを回
し入れ、ふたをして水分が
なくなるまで4〜5分蒸し
焼きにする。器に盛り、ま
ぜ合わせたBをかける。

中火

**完食
Point**
蒸し焼きにすると、
お肉はジューシー、
ピーマンは苦みが
とれてまろやかにな
ります。縦割りより
お肉がたくさん入る
うえにとても食べや
すいんです！

48

添え野菜は
あるもので
OK

生野菜でも

レンチン
野菜でも

**完食
Point**
ココを絶対に
読んで!!
おいしくするコツ、
残さないコツが
書いてあります

● 材料は基本は2人分や作りやす
い分量です。
● 計量は小さじ1＝5ml、大さじ1
＝15ml、1カップ＝200mlです。
● 電子レンジの加熱時間は600W
の場合の目安です。機種によって
加熱時間に多少差がありますので、
様子を見てかげんしてください。

肉のおかず

家族のテンションが上がるのは、やっぱり、絶対、肉料理。
うちで人気のメニュー、一気に公開しま〜す!!
子どもたちは、ごはんが進む味。
お父さん、お母さんは、お酒も進む味。
それから、肉ばっかりだとコスパも悪いし、ヘルシーじゃないから
野菜もいっぱい食べられるように工夫しました!
マックス忙しい日は、肉料理が1品あれば、
あとはみそ汁くらいでOKですよ。

ねぎ塩ポーク

材料(2人分)

豚ロース肉(とんかつ用)……2〜3枚(300g)
かたくり粉……小さじ2
ねぎ……1/2本
サラダ油……小さじ1
A ごま油……大さじ2
まぜる 鶏ガラスープのもと、
　　おろしにんにく……各小さじ1/2
　　塩、うまみ調味料……各ひとつまみ

下ごしらえ

ねぎ
みじん切り

1
肉の筋を切る

豚肉は筋を切り、**かたくり粉**をまぶす。

2
焼く

フライパンに**1**を並べ、**サラダ油**を入れて強火で熱し、弱めの中火にして両面3分ずつ焼いてとり出し、好みの大きさに切って器に盛る。

強火　弱中火

3
ねぎだれを作る

ねぎを耐熱容器に入れ、ラップをせずに電子レンジ(600W)で1分30秒ほど加熱する。**A**を加えてまぜ、**2**にのせる。

完食 Point

カリッと焼いたポークソテーに、やみつきのねぎだれをたっぷりのせて。ねぎはレンジ加熱すると辛みがなくなって食べやすくなります。加熱しすぎると色が悪くなるので注意。鶏肉や蒸した魚にかけてもヤバうま!

15 min.
ぶた

老若男女が喜ぶ

やわらか酢豚

材料(2人分)

豚こまぎれ肉……200g

A 塩……ひとつまみ
かたくり粉……小さじ1

玉ねぎ……1/4個(50g)

にんじん……1/4本(45g)

ピーマン……1個

サラダ油……小さじ1

B まぜる
砂糖……大さじ2と1/2
酢、トマトケチャップ……各大さじ2
しょうゆ……大さじ1
かたくり粉……大さじ1/2
水……50ml

下ごしらえ

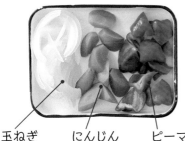

豚肉
Aをもみ込む

玉ねぎ
くし形切り

にんじん
乱切り

ピーマン
乱切り

完食
Point

豚こまにかたくり粉をもみ込んで握ると、厚切り肉の食べごたえになるうえ、歯切れがいいから厚切りよりおいしい!

1

レンジ加熱

耐熱容器に**玉ねぎ、にんじん**を入れてラップをかけ、電子レンジ(600W)で3~4分、竹ぐしが刺さるまで加熱する。

2

肉を焼く

豚肉を6等分し、ギュッと握って円盤形にしてフライパンに並べる。**サラダ油**を回し入れ、弱めの中火にかけ、肉の両面をさわらず3分ずつ焼く。

弱中火

3

ピーマンを加える

ピーマンを加えて2分ほどいため、**1**の耐熱容器にとり出し、火を止める。

止

4

たれをからめる

あいたフライパンに**B**を入れてよくまぜ、かたくり粉がとけたら、中火で煮立たせる。**3**を戻し入れてからめる。

中火

豚キムチ、うますぎ

材料（2人分）

豚こまぎれ肉……150g
A 塩……ひとつまみ
かたくり粉……小さじ1/2
にら……1/2束（50g）
白菜キムチ……100g
サラダ油……大さじ1/2
B めんつゆ（3倍濃縮）……大さじ1/2
ごま油……大さじ1/2
砂糖……ひとつまみ

1

豚肉をいためる

豚肉を入れたフライパンに**サラダ油**を回し入れて中火にかけ、ほぐしながらいためる。

中火

下ごしらえ

豚肉
Aをもみ込む

にら
5cm長さに切る

2

にらとキムチを加える

肉に火が通ったら、**にら**と**キムチ**を加えて手早くいため合わせる。

中火

3

たれをからめる

Bを加えてさっといため合わせる。

中火

完食
Point

めんつゆと砂糖がキムチのうまみを引き立て、まろやかでコクのあるワンランク上の豚キムチに。熟成して酸味が強くなったキムチの場合は、砂糖を気持ち多めにするとコクがアップしておいしくなります！

15 min.

ぶた

端から端まで食べられる

スペアリブ風

材料（2人分）

豚こまぎれ肉……300g
かたくり粉……大さじ1/2
サラダ油……小さじ1

A（まぜる）
| おろしにんにく……小さじ1
| おろししょうが……小さじ1/4
| しょうゆ、みりん……各大さじ1
| 酢、酒……各大さじ1/2
| 砂糖……小さじ2

1 豚肉を成形する

豚肉にかたくり粉をもみ込んで6等分にする。細長く成形してフライパンに並べる。

2 焼く

サラダ油を回し入れて強火で熱し、あたたまったら弱めの中火で両面を5分ずつ焼く。

強火　　弱中火

3 たれを加える

Aを加え、中火にしてとろみがつくまで煮からめる。

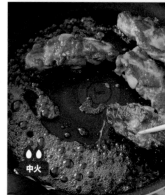

中火

完食Point

豚こまをギュッと細長く握って、スペアリブ風に。骨がないから食べやすい！しょうゆベースのたれも絶品です。

ヤバみそ炒め

材料(2人分)

豚こまぎれ肉……200g
かたくり粉……小さじ1
玉ねぎ……1個
サラダ油……大さじ1/2
A まぜる
| だし入りみそ……大さじ2と1/2
| 酒……大さじ1
| 砂糖……大さじ1と1/2

下ごしらえ

豚肉
かたくり粉をもみ込む

玉ねぎ
薄切り

1 いためる

フライパンに**サラダ油**を入れ、強火で熱して**豚肉**と**玉ねぎ**を入れて弱めの中火で6分ほどいためる。

強火 ▶▶▶ 弱中火

2 たれを加える

玉ねぎが透き通ってきたら、**A**を加えて弱めの中火で全体をいため合わせる。

弱中火

完食 Point

だし入りみそ＋砂糖＋酒で、ヤバいくらい深みのある味わいに！たれのからんだやわらか豚肉でごはんが進みます。

30 min.

ぶた

大阪のお好み焼き

材料 (2人分)

豚こまぎれ肉……200g

A キャベツ……1/4個
山いも……100g
さくらえび(小えび)……大さじ2
薄力粉……100g
顆粒かつおだし……大さじ1
卵……2個
水……150ml

サラダ油……小さじ1/2

お好み焼きソース(または中濃ソース)、マヨネーズ、
　青のり、かつお節……お好みで

下ごしらえ

キャベツ
5mm幅のせん切り

山いも
すりおろす

1 まぜる

ボウルにAを入れ、よくまぜる。

2 焼く

フライパンにサラダ油小さじ1/4を引き、1の半量を入れて直径16〜18cmに形をととのえ、上に豚肉の半量をちぎりながらのせ、弱めの中火で4〜5分焼く。

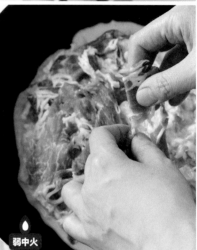

弱中火

3 蒸し焼きにする

焼き色がついたら上下を返してふたをし、さらに4分ほど蒸し焼きにして器に盛り、ソース、マヨネーズ、青のり、かつお節をかける。残りも同様に作る。

弱中火

完食
Point

大阪で何度も食べた、山いも入りの本場の味を再現。返したらふたをするのがコツです。生焼けを防いでふんわり焼き上がります。

家族みんなで食べられる

モツ炒め

材料(2人分)

豚モツ……250g
玉ねぎ……1/2個
ごま油……小さじ1

A
ま
ぜ
る
みそ……大さじ3
みりん……大さじ2
砂糖、酒……各大さじ1
おろしにんにく……大さじ1/2
おろししょうが……小さじ1

赤とうがらし(小口切り)……ひとつまみ

下ごしらえ

玉ねぎ
薄切り

モツをゆでる

フライパンに水800mlを沸騰させ、塩小さじ1/2(分量外)を入れて**豚モツ**を5分ゆでて湯をきる。新たにたっぷりの湯を沸かし、豚モツを20分ゆでてざるに上げる。

中火

玉ねぎを
いためる

フライパンにごま油を中火で熱し、**玉ねぎ、赤とうがらし**を入れ、玉ねぎに火が通るまで弱めの中火でいためる。

中火 ▶▶▶ 弱中火

3 モツ、たれを
加える

1、**A**を加え、全体をからめながら1分ほどいためて器に盛る。

中火

完食
Point

豚モツはさっと塩ゆでしてくさみをとったら、20分下ゆで。下ゆでしているからいためてもやわらかいし、くさみもゼロ。大人も子どももとりこになるおいしさです!

じゃがなし
肉じゃが

材料（2人分）

豚こまぎれ肉……200g
しらたき……1袋（230g）
玉ねぎ……1個
しょうが……1かけ

A｜しょうゆ……大さじ3と1/2
　｜砂糖、酒、みりん……各大さじ2
　｜顆粒かつおだし……小さじ1/2
　｜水……300ml

下ごしらえ

しょうが
薄切り

玉ねぎ
1cm厚さのくし形切り

しらたき
洗ってはさみで適当に切る

1
いためる
フライパンに**豚肉、しらたき、玉ねぎ、しょうが**を入れ、強火でいためる。

強火

2
煮る
肉の色が変わったら、**A**を加えてふたをしないで中火で5分ほど煮る。

中火

完食
Point

じゃがいもなしだからすぐに作れるし、味がしみしみ。このままごはんにのせて、すき焼きみたいに食べられます。

15 min. ぶた

おつまみ
ねぎチャーシュー

材料(2人分)
豚こまぎれ肉……200g
かたくり粉……小さじ1
ねぎ……1/2本
ごま油……小さじ1/2
A｜砂糖、酒、しょうゆ……各大さじ1

下ごしらえ

豚肉
かたくり粉をもみ込む

ねぎ
3mm厚さの
斜め薄切り

1

いためる
フライパンに入れた**豚肉**に
ごま油を回しかけ、弱めの
中火で5分ほどいためる。

弱中火

2

たれをからめる
Aを加えて強火にし、汁け
がとぶまで3分ほどいため
る。火を止め、**ねぎ**を加え
てあえる。

強火

完食 Point
豚こまにかたくり粉
と甘辛だれをからめ
て即席チャーシュー
風に。最後に入れる
ねぎのシャキッとし
た食感も絶妙です。

15 min.

ぶた

カリカリ豚とその脂を吸ったポテト

材料(2人分)

豚こまぎれ肉……150g
かたくり粉……小さじ1
ポテト(冷凍)……200g
サラダ油……大さじ1
顆粒コンソメ……小さじ1/2

下ごしらえ

豚肉
かたくり粉をもみ込む

1

揚げ焼きにする

豚肉と冷凍ポテトを入れたフライパンを強火で熱し、ポテトの水分がとんだらサラダ油を加える。弱めの中火で5～10分、上下を返しながら揚げ焼きにする。

強火　▶▶▶　弱中火

2

コンソメを加える

全体をまぜ、3分ほどいためる。ポテトがカリッとしたら顆粒コンソメを加え、さっといためる。

弱中火

完食 Point

豚肉の脂を吸ったポテトは、コクが最強！コンソメ一発で、みんなが大好きなポテトチップス風の味に仕上げます。

鶏ささ身が安いときは

チーズマヨ焼きで決まり

材料(2人分)

鶏ささ身……4本(200g)
塩……ひとつまみ
こしょう……少々
青じそ……8枚
ピザ用チーズ……80g
マヨネーズ……お好みで

1 観音開きにする

ささ身は筋がついたまま横から半分に切り込みを入れて観音開きにし、塩、こしょうを振る。

2 蒸し焼きにする

フライパンに1を並べ、青じそ、チーズ、マヨネーズの順にのせてふたをする。強火で熱し、あたたまったら弱めの中火にして5〜6分蒸し焼きにする。

強火　弱中火

完食 Point

ささ身は焼いたら✕。絶対にパサパサします。蒸せばしっとりやわらかで大勝利〜！ チーズマヨ味で最強です！

クリームシチューは母の味

マカロニにかけて焼けば、
チキンクリームグラタンに。

材料(2人分)

鶏もも肉……1枚
玉ねぎ……1/2個
にんじん……1/2本
ブロッコリー……1/4個
バター……30g
薄力粉……大さじ4
A | 牛乳……600ml
　 | 水……200ml
B | 顆粒コンソメ、粉チーズ……各大さじ1
　 | 塩……小さじ1/4
　 | こしょう……少々
　 | 砂糖……小さじ1/4

下ごしらえ

鶏肉
一口大に切る

にんじん
5mm厚さの
いちょう切り

玉ねぎ
薄切り

ブロッコリー
小房に分け、水
を振って、ラッ
プをし、電子レ
ンジ(600w)で1
分30秒加熱

1

いためる

なべに**バター**をとかし、**鶏
肉、玉ねぎ、にんじん**を入
れ、弱めの中火でにんじん
がやわらかくなるまでふた
をして5分ほどいためる。

弱中火

2

薄力粉を加える

薄力粉を加え、粉っぽさが
なくなるまでいためる。

弱中火

3

煮込む

Aを少しずつ加え、5分ほ
どとろみがつくまで煮る。**B**、
ブロッコリーを加え、弱火
にして3分ほど煮込む。

弱中火　　弱火

完食Point

粉チーズ+多めのバターで生ク
リームのかわりになります。砂糖
を少し入れるとコクがアップして、
おいしくなります。

15 min.

とり

本当においしい照り焼きは、1:1:1 ではございません

材料 (2人分)

鶏もも肉……1枚
かたくり粉……大さじ1/2
サラダ油……小さじ1/2
A 酒、しょうゆ、みりん
　　　……各大さじ1と1/2
　　砂糖……大さじ1

下ごしらえ

観音開きにしなくていい!

鶏肉
かたくり粉をもみ込む

完食
Point

鶏肉にかたくり粉をまぶすとたれがよくからみ、冷めてもやわらか〜い! 蒸し焼きにするから、火の通りも早いんです。お弁当にもおすすめ!

1 皮目から焼く

フライパンに入れた**鶏肉**は皮目を下にして**サラダ油**を回しかけ、強火にかける。パチパチと音がしてきたら弱めの中火にし、ふたをして焼き色がつくまで5分ほど焼く。

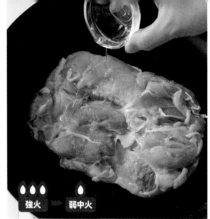

強火 弱中火

↓

2 ひっくり返す

上下を返し、ふたをしてさらに5分ほど焼く。

弱中火

↓

3 脂をふきとる

火を止め、フライパンに出た余分な脂をキッチンペーパーでふきとる。

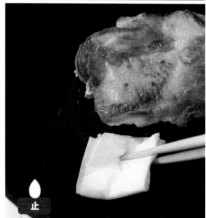

止

↓

4 煮からめる

Aを加え、鶏肉を返しながら強火で30秒〜1分たれがとろっとするまで煮からめる。

強火

デパ地下の
鶏と野菜の甘辛あん

材料(2人分)

鶏もも肉——1枚
かたくり粉——大さじ3
れんこん——1/2節(100g)
ブロッコリー——1/4個
さつまいも——1/2本(125g)
サラダ油——大さじ2
A | しょうゆ、みりん——各大さじ2と1/2
 | 砂糖、酒——各大さじ1と1/2
 | かたくり粉——小さじ2
 | 水——大さじ4
いり白ごま——お好みで

下ごしらえ

鶏肉
12等分に切って
かたくり粉をまぶす

れんこん・
さつまいも
1cm厚さの
輪切り

ブロッコリー
小房に分け、水
を振ってラップ
をし、電子レン
ジ(600W)で1分
30秒加熱

1
揚げ焼きにする

フライパンに**鶏肉、れんこ
ん、さつまいも**を並べて中
火にかけ、**サラダ油**を回し
入れる。弱めの中火にして
両面を返しながら8分ほど
揚げ焼きにする。

中火 ▶▶▶ 弱中火

2
とり出す

揚がったものからとり出し、
フライパンの油をキッチン
ペーパーでふきとる。

3
あんをからめる

2のフライパンに**A**を入れ
てかたくり粉がとけるまで
よくまぜてから中火にかけ
る。とろみがついたら**2**の
具材を戻し入れ、**ブロッコ
リー**を加えて全体をからめ、
ごまを振る。

中火

完食
Point

表面をカリッと揚げ焼きにするこ
とでコクとうまみがアップ！　デ
パ地下に並ぶ、「人気のお弁当お
かず」の味わいになります。冷め
ても鶏がやわらかくておいしいか
ら、お弁当のおかずにも◎。

豚ではなく鶏レバーの甘辛
だからおいしいんです

材料(2人分)

鶏レバー……250g
しょうゆ……小さじ1
かたくり粉……大さじ2と1/2
さやいんげん(またはにんにくの茎)……1袋(100g)
サラダ油……大さじ2
A │ 酒、しょうゆ、みりん……各大さじ1
　 │ 砂糖……小さじ2

下ごしらえ

鶏レバー
しょうゆをもみ込む

いんげん
3等分に切る

1

かたくり粉を
まぶす

鶏レバーに皿に出した**かた
くり粉**をまぶしてフライパ
ンに並べる。

2

揚げ焼きにする

サラダ油を回し入れて強火
で熱し、フライパンがあた
たまったら弱めの中火にし
て焼き色がついたら上下を
返し、両面で6分ほど揚げ
焼きにする。**いんげん**も加
えて3分ほどいためる。

強火　弱中火

3

たれをからめる

Aを加え、強火にして煮詰
めながらからめる。

強火

完食
Point

かたくり粉をまぶしてから揚げに
することで、レバー独特のくさみ
を完全オフ! レバーが苦手な人
にこそ試してもらいたい自信作
です。やみつきの甘辛だれがよく
からんでたまりません。

調理時間5分! あの人気の
ロティサリーチキン

材料 (作りやすい分量)
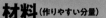

丸鶏 (内臓を処理したもの) …… 1羽分 (1.2kg)

A
おろしにんにく …… 大さじ1
砂糖 …… 小さじ2
塩 …… 小さじ1
あらびき黒こしょう …… 小さじ1/4

下ごしらえ

丸鶏
内側まで水で洗い、水けをふく

完食Point

むずかしそうなイメージだけど実は超簡単! 砂糖で保水されて冷めてもやわらかく、うまみもアップ!

1
下味をつける
丸鶏は全体をフォークで刺し、Aを外側と内側にまんべんなくすり込む。オーブンは230度に予熱する。

2
焼く
天板にクッキングシートを敷いて1をのせ、230度のオーブンで60分焼く。途中、焦げそうならアルミホイルをかぶせる。竹ぐしを刺して、透明な肉汁が出ればでき上がり。

15 min.

とり

焼くだけです◎

ガブリ
やば チキン

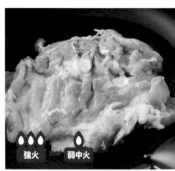

強火　弱中火

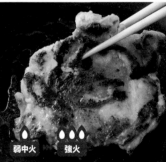

弱中火　強火

完食 Point

ガブッとかぶりつきたくなるめちゃうまチキン。鶏肉の脂をベースにした技ありオイルで、キャベツまでペロッと完食！

材料 (2人分)

鶏もも肉……1枚

A おろしにんにく……大さじ1/2
　　塩……小さじ1/4強
　　こしょう……小さじ1/4

キャベツ……1/8個

B サラダ油……大さじ1
　　鶏ガラスープのもと……小さじ1/2

下ごしらえ

鶏肉
厚みを均等に開き、**A**をもみ込む

キャベツ
手でちぎる

1
皮目から焼く

フライパンに入れた**鶏肉**は皮目を下にして強火にかける。パチパチと音がしてきたら弱めの中火にし、焼き色がつくまで4〜5分焼く。

↓

2
裏面を焼く

上下を返して同様に4〜5分焼き、最後に皮目を下にして強火にする。1分ほどカリッと焼いて器に盛り、**キャベツ**を添える。

↓

3
油をかける

2のフライパンに**B**を入れてさっと加熱し、キャベツにかける。

ひき肉ともやしと卵の
地味うまいため

材料(2人分)

豚ひき肉……100g
もやし……1袋(200g)
とき卵……2個分
サラダ油……小さじ1
A | しょうゆ……大さじ1と1/2
　 | 砂糖……大さじ1
　 | 鶏ガラスープのもと……小さじ1/4

1 ふわふわ卵を作る

フライパンに**サラダ油**を中火で熱し、あたたまったら**卵**を流し入れて大きく箸で数回まぜ、半熟の状態でとり出す。

2 いためる

同じフライパンに**ひき肉**を入れていため、色が変わったら**もやし**を加えてさっといためて**A**を加えて調味する。

3 卵を戻す

1を戻し入れ、さっと全体をまぜてでき上がり。

完食Point

味つけが抜群だから、ひき肉＋もやし＋卵が「ごはんがめちゃ進む主役おかず」に格上げ！　いつでも安い優秀食材で、「また作って」とリクエストされちゃう実力派レシピです(地味だけど)。

45

ソースはめんつゆで作れます！
肉々しいハンバーグ

材料 (2人分)

A | 牛豚合いびき肉……300g
　　| 玉ねぎ (みじん切り)……1/2個
　　| 卵……1個
　　| パン粉……大さじ2
　　| 塩、こしょう……各ふたつまみ

B | めんつゆ (3倍濃縮)……大さじ3
　　| 砂糖……小さじ2
　　| 水……90ml
　　| かたくり粉……大さじ1

大根……5cm
青じそ……2枚

下ごしらえ

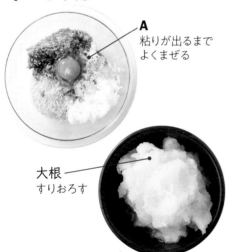

A
粘りが出るまで
よくまぜる

大根
すりおろす

完食
Point

肉だねに入れる材料をできる限り減らすと、ステーキのような肉々しいハンバーグに。コクうま和風ソースをかけて。

1
成形する

Aを2等分し、空気を抜きながら楕円形に成形する。まん中をくぼませ、フライパンに並べる。

2
焼く

強火で熱し、パチパチと音がしてきたら中火にし、しっかり焼き色がつくまで両面を3分ずつ焼く。

強火　中火

3
蒸し焼きにする

水100mlを加えてふたをし、水けがとぶまで5～6分蒸し焼きにする。竹ぐしを刺して透明な肉汁が出たら火を止めて器に盛る。

中火

4
ソースを作る

フライパンの汚れをふきとり、**B**を入れてかたくり粉が完全にとけるまでまぜる。弱めの中火にかけ、とろみがつくまで煮立て、**3**にかけて青じそと大根おろしをのせる。

弱中火

47

ピーマンの肉詰め
可愛くない？

材料(2人分)

A 豚ひき肉……200g
玉ねぎ(みじん切り)……1/2個
卵……1/2個分
パン粉……大さじ1と1/2
塩、こしょう……各少々
ピーマン……3個
かたくり粉……大さじ1
サラダ油……小さじ1/2
B トマトケチャップ……大さじ3
まぜる 中濃ソース……大さじ1と1/2

下ごしらえ

A
粘りが出るまで
よくまぜる

ピーマン
3等分の
輪切り

1
かたくり粉を
つける

ピーマンの内側にたっぷり
とかたくり粉をまぶす。

2
詰める

ピーマンで肉だねをすくう
ようにし、ボウルのへりに
押しつけて詰める。

3
焼く

フライパンにサラダ油を中
火で熱し、2を盛りつける
ときに上にくる面を下にし
て並べ、焼き色がつくまで
2~3分焼く。

中火

4
蒸し焼きにする

上下を返し、水100mlを回
し入れ、ふたをして水分が
なくなるまで4~5分蒸し
焼きにする。器に盛り、ま
ぜ合わせたBをかける。

中火

完食
Point

蒸し焼きにすると、
お肉はジューシー、
ピーマンは苦みが
とれてまろやかにな
ります。縦割りより
お肉がたくさん入る
うえにとても食べや
すいんです!

シューマイはやっぱり包むとおいしいです

材料（作りやすい分量）

豚ひき肉……500g
玉ねぎ……1個（200g）
ギョーザの皮（市販）……24枚
A｜しょうゆ、かたくり粉……各大さじ2
　｜砂糖、酒、オイスターソース、
　｜　ごま油……各大さじ1
　｜おろししょうが……小さじ2
　｜鶏ガラスープのもと……小さじ1

下ごしらえ

玉ねぎ
みじん切り

包まないシューマイも作ってきたけど、結局これが一番人気。砂糖を入れて甘めの味にするのがお店の味にするポイントです！

 **まぜる**

ボウルにひき肉、玉ねぎ、Aを入れてよくねりまぜる。

 包む

手をカップを持つような形にしてギョーザの皮をのせ、上から1をスプーンで押し込むようにして包む。

3 並べる

フライパンに30×30cmに切ったクッキングシートを敷き、その上に2の半量を間隔をあけて並べる。クッキングシートのすき間から水200mlを注ぎ入れる。

 蒸す

中火にかけ、沸騰したらクッキングシートが出ないようにふたをして10分蒸す。水がなくなりそうになったら足す。残りも同様に蒸す。

中火

またはさみたくなる

れんこんの
はさみ焼き

材料（2人分）

A
豚ひき肉（または鶏ひき肉）……200g
ねぎ（みじん切り）……1/2本
卵……1/2個分
しょうゆ……小さじ1/2
かたくり粉……大さじ1

れんこん……1節（200g）
かたくり粉……大さじ1と1/2
サラダ油……小さじ1

B
しょうゆ……大さじ2と1/2
砂糖……大さじ2
酒……大さじ1/2
水……大さじ3

下ごしらえ

A
よくまぜる

れんこん
1cm厚さの輪切り

1
はさむ

れんこんにかたくり粉をしっかりまぶす。Aを等分し、それぞれ2枚のれんこんではさむ。

2
蒸し焼きにする

フライパンにサラダ油を熱し、1を並べて弱めの中火で両面を2分ずつ焼く。水100mlを注いでふたをし、5分ほど蒸し焼きにしてとり出し、火を止める。

弱中火　　止

3
たれをからめる

フライパンの汚れをふきとり、Bを入れて弱めの中火で2〜3分煮詰める。とろみがついたら2を戻し入れ、全体にからめる。

弱中火

完食
Point

れんこんってはさむと人気です（笑）。肉だねに卵とかたくり粉をまぜるとやわらかジューシー！ごはんが止まりません。

まるで高級肉のような
肉豆腐

材料 (2人分)

牛こまぎれ肉……200g
木綿豆腐……1丁
ねぎ……1本

A | しょうゆ……大さじ3と1/2
砂糖、酒、みりん……各大さじ2
顆粒かつおだし……小さじ1/4
水……300ml

下ごしらえ

ねぎ
斜め薄切り

木綿豆腐
6等分に
切る

1
豆腐を煮る
なべに豆腐とAを入れ、ふたをして弱めの中火で5分ほど煮る。

弱中火

↓

2
牛肉＆ねぎを加える
豆腐の色が変わったら、**牛肉、ねぎ**を加えてふたをし、1分さっと煮る。

弱中火

完食
Point

牛肉は煮すぎるとかたくなるので、豆腐に味をつけてから最後の1分で火を通すのが正解！ 激安肉が高級肉になります。

牛こまで！長崎のレモンステーキ

鶏もも肉で作っても美味！
37ページの焼き方で焼いて。

材料（2人分）

牛こまぎれ肉……300g
かたくり粉……大さじ1
サラダ油……小さじ1
A｜しょうゆ……大さじ2
　｜砂糖……大さじ1と1/2
レモン……1/4個（または市販のレモン汁大さじ1）

1
成形する

フライパンに**牛肉**と**かたくり粉**を入れてもみ込み、ステーキ形に成形する。

2
焼く

サラダ油を回し入れ、弱めの中火で両面を2分ずつ焼き、器に盛る。

弱中火

3
レモンをしぼる

2のフライパンに**A**を入れ、**レモン**をぎゅっとしぼり、強火でさっと煮詰めて肉にかける。

強火

完食
Point

特売のこまぎれ肉が豪華な厚切りステーキに変身！　本当に霜降り肉みたいにやわらかくなるから、小さな子どももペロリと食べられます。レモンの酸味は、砂糖を加えることでさわやかなうまみに。

お肉3種の
ワイルドプレート

材料(4人分)

- ●豚肩ロースかたまり肉……150g
- A｜塩、こしょう……各ひとつまみ
- ●鶏もも肉……1枚
- B｜塩……ふたつまみ
  　｜こしょう……ひとつまみ
- ●牛ステーキ肉……200g
- C｜塩、こしょう……各ひとつまみ
- ブロッコリー……1/4個(75g)
- にんじん……1/2本
- バター……10g

〈トマトソース〉
　トマト缶……1/4缶(100g)
　玉ねぎ(みじん切り)……1/8個
　トマトケチャップ……大さじ1/2
　顆粒コンソメ……小さじ1/2
　おろしにんにく、砂糖……各小さじ1/4

〈ステーキソース〉
　しょうゆ……大さじ3
　砂糖……大さじ2と1/2
　酢、サラダ油……各大さじ1/2
　おろしにんにく、顆粒コンソメ……各小さじ1/2

下ごしらえ

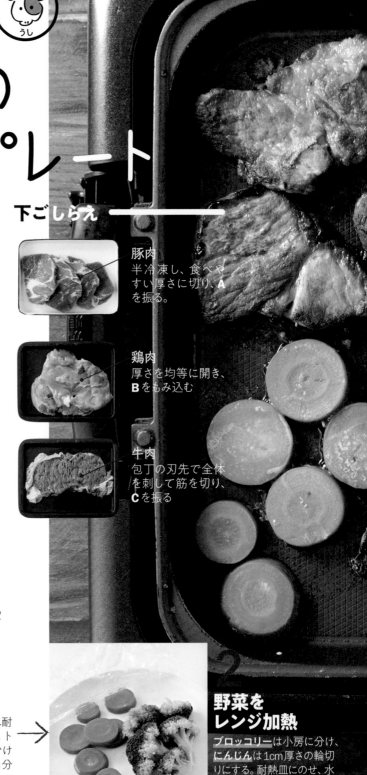

豚肉
半冷凍し、食べやすい厚さに切り、Aを振る。

鶏肉
厚さを均等に開き、Bをもみ込む

牛肉
包丁の刃先で全体を刺して筋を切り、Cを振る

1
ソースを作る
ソースの材料をそれぞれ耐熱容器に入れてまぜる。トマトソースはラップをかけて電子レンジ(600W)で8分加熱する。ステーキソースはまぜるだけでOK。

野菜を
レンジ加熱
ブロッコリーは小房に分け、にんじんは1cm厚さの輪切りにする。耐熱皿にのせ、水を振ってラップをし、電子レンジ(600W)で3分加熱する。

焼く

ホットプレートに**3**種の肉、じか火対応の器に入れたソース、**2**の野菜、好みで冷凍ポテトなどを並べて加熱する。にんじんが焼けたら**バター**をのせる。

完食
Point

肉や野菜を豪快に焼くワイルドな見た目に盛り上がることまちがいなし！ 2種のソースで、飽きずに完食できちゃいます。

時短テクニック

この本でたくさん登場するテクを、まとめてご紹介します。

1 牛乳パックをまないたにしよう！ 肉を切ったら捨てちゃえばいい

飲みきった牛乳パックは、切り開いてまないたにしよう！

肉をはさんだり

肉の筋を切ったり

2 フライパンの中で下味つけ

肉は直接フライパンで下味をつけてかたくり粉をまぶせば、ボウルを汚さない！

3 油は上からかけてOK

肉を入れてから油を回しかけても、フライパンを揺すれば油が行き渡る。

4 フライパンごと食卓へ！

フライパンで食卓に出してもOK！　熱々を出せて、器の洗い物が減ります。

5 包丁より、キッチンばさみで切ると早い！ ラク！

焼いた肉

しらたき

時間がないとき、肉は焼いてからキッチンばさみで切るとラク！

しらたきは、バットにのせてキッチンばさみで切るのがおすすめ。

6 添え野菜はレンチンがラク

ゆでるより電子レンジが早くてラク。手で水をパッパッと振って、水分を補ってチン！

魚介のおかず

みんな、魚を食べなくなっていると聞きます。
調理がむずかしそう？ メインにならない？
そんなことないですよ！
焼くだけ、缶詰をあけてひっくり返すだけなど、
超簡単な魚料理だってあります。
ごはんが進む味にすれば立派なメインになるし、家族も喜びます。
魚介は和食・本格中華・ハワイの味、
いろいろな味になるので試してみてください!!

骨までおいしい
塩さば 8分6分焼き

材料（2人分）
塩さば（ノルウェー産のもの）………2枚

1
皮目から焼く
フライパンに**さば**の皮目を下にして並べ、中火にかける。パチパチと音がしてきたらふたをし、弱めの中火で8分焼く。

中火　弱中火

2
返す
上下を返してふたをし、さらに6分焼く。

弱中火

完食Point

ノルウェー産の塩さばは脂ノリが最高！　自身の油で揚げ焼きにするため、なんと骨まで食べられて、魚くささもなくなります。冷凍の場合は、凍ったまま皮目を10分、身を8分焼いてください。

味つけいらずの**サバージョ**

材料(2人分)

さば缶(水煮)……1缶(190g)

しめじ……1パック(100g)

A ┃ おろしにんにく……大さじ1
┃ オリーブ油……100ml
┃ 赤とうがらし(小口切り)
┃   ……お好みで

下ごしらえ

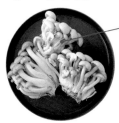

しめじ
石づきを
とって
ほぐす

1
しめじを
いため煮にする

フライパンにしめじ、さば
の缶汁を入れて弱めの中
火にかけ、汁けがなくなる
まで2分ほどいためる。

弱中火

2
さばを加える

Aとさばの身を加え、中火
で1分ほどさっと煮る。

中火

完食
Point

さばのアヒージョ、名づけてサバ
ージョです。さば缶の汁を煮詰め
るので味つけなしでおいしい塩
味になります。残ったオイルは、
パスタを入れてペペロンチーノ
にしたらめちゃうま!

5 min. さかな

ドレッシングがいらない

さば缶の
パワーサラダ

完食 Point

さば水煮缶の汁って、塩味がきいていてドレッシングがわりになるんです。野菜に油分がからむから食べやすい！

材料(2人分)

さば缶（水煮）……1缶（190g）
フリルレタス……1/4個
トマト……1個
パプリカ（黄）、トレビス（あれば）……お好みで

下ごしらえ

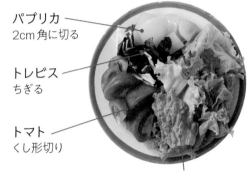

パプリカ
2cm角に切る

トレビス
ちぎる

トマト
くし形切り

フリルレタス
ちぎる

1

野菜を器に盛る

レタスを器に敷き、中央をあけて、そのほかの**野菜**を盛る。

2

**さば缶を
ひっくり返す**

さば缶を缶汁ごとのせ、くずしながら食べる。

15 min.

さかな

黄金の味！鮭の ちゃんちゃん焼き

完食Point

コクのあるみそバターで、たっぷり野菜もペロリ！ ピーマンやしめじ、ねぎを入れてもおいしいです。

材料（2人分）

生鮭……2切れ
塩、こしょう……各ひとつまみ
キャベツ……1/6個
にんじん……1/2本
玉ねぎ……1/2個
A │ みそ、酒……各大さじ2
　　│ 砂糖、みりん……各大さじ1
バター……20g

下ごしらえ

生鮭
塩、こしょうを振る

キャベツ
一口大にちぎる

にんじん
1cm幅
4cm長さの
短冊切り

玉ねぎ
薄切り

1

並べる

フライパンに**野菜**をすべて入れて平らにし、**鮭**を重ならないようにのせ、よくまぜた**A**を鮭の上から全体に回しかける。

↓

2

蒸し焼きにする

ふたをして、全体に火が通るまで弱めの中火で10分ほど蒸し焼きにする。最後に**バター**をのせ、まぜて食べる。

弱中火

鮭と野菜をぎっしり詰めて焼いただけです

塩さばバージョンのぎっしり焼き。栄養満点です。

材料(2人分)

甘塩鮭……2切れ
かぼちゃ……1/8個
パプリカ(赤)……1/2個
オクラ……6本
おろしにんにく……大さじ1/2
オリーブ油……大さじ3

下ごしらえ

鮭
3等分に切る

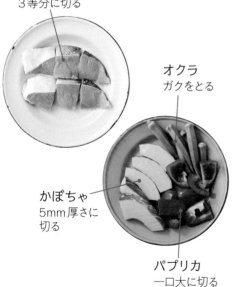

オクラ
ガクをとる

かぼちゃ
5mm厚さに
切る

パプリカ
一口大に切る

1 並べる

フライパンに**鮭**と**野菜**をぎっしり並べ、**にんにく**を塗り、**オリーブ油**を回しかける。

2 6分焼く

強火にかけ、あたたまったらふたをして弱めの中火で6分焼き、全体を返す。

強火 ▶▶▶ 弱中火

3 2分焼く

ふたをしてさらに2分焼き、かぼちゃに竹ぐしを刺してやわらかくなっていたらでき上がり。

弱中火

完食
Point

オリーブ油とにんにくだけのシンプルな味つけです。甘塩鮭のほどよい塩けで野菜に甘みが出て、ほっくり！ 野菜はれんこん、じゃがいも、にんじんなど冷蔵庫にあるものでOKです。

実はホイル蒸しって
ごはんが進むんです!

材料(2人分)

生たら……2切れ(200g)
塩……2つまみ
こしょう……少々
しめじ……1/2パック
ねぎ……1/2本
バター……20g
めんつゆ(3倍濃縮)……お好みで

下ごしらえ

たら
塩、こしょうを
振る

しめじ
石づきをとって
小房に分ける

ねぎ
1cm厚さの
斜め切り

完食Point

「たらのホイル蒸しって、ごはんのおかずにならない」問題を解決! めんつゆ＋バターで蒸し汁が激うまになります。

1
並べる
アルミホイルを25×30cmに切って広げ、**たら1切れ**を手前にのせ、**しめじ、ねぎ、バター**を半量ずつのせる。もう1つも同様に並べる。

2
包む
アルミホイルを半分に折り、左右と手前を折り返してしっかり閉じる。

3
蒸し焼きにする
フライパンに深さ2cmまで水を入れて火にかけ、沸騰したら**2**を入れてふたをし、15分蒸し焼きにする。

中火

4
調味する
器に**3**を盛り、最後に**めんつゆ**を好みの量かける。

15
min.

さかな

たらなのに油がハネない！

たらの甘酢あん

材料(2人分)

生たら……2切れ(200g)
塩……ひとつまみ
薄力粉……大さじ1
サラダ油……フライパンに深さ5mm

A
　薄力粉……大さじ5
　ベーキングパウダー……小さじ1/2
　卵1個+水……合わせて70mlにする

〈あん〉
　にんじん……1/3本
　しいたけ……2個
　サラダ油……小さじ1/2

B
ま
ぜ
る
　砂糖……大さじ2と1/2
　しょうゆ……大さじ2
　酢……大さじ1と1/2
　みりん……大さじ1/2
　顆粒かつおだし……小さじ1/2
　かたくり粉……小さじ2
　水……150ml

下ごしらえ

たら
塩をまぶして
5分おき、
水けをふきとる

にんじん
せん切り

しいたけ
薄切り

完食
Point

ベーキングパウダー入りの衣なら、水分の多いたらも油ハネしないから安心! さっくりふわっと仕上がります。

1

衣を作る

ボウルに**A**を入れて泡立て器でまぜ合わせる。たらは**薄力粉**をしっかりまぶす。

2

揚げ焼きにする

フライパンに深さ5mmほどの**サラダ油**を入れて中火にかける。あたたまったら弱めの中火にし、**1**のたらに衣をたっぷりつけて入れて薄く揚げ色がつくまでさわらずに3〜4分揚げ焼きにする。

中火 ▶▶▶ 弱中火

3

弱中火

上下を返す

上下を返してさらに3〜4分揚げる。とり出して、しっかり油をきり、器に盛る。

4

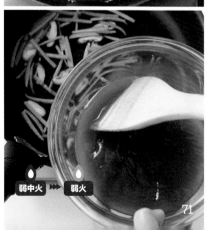

弱中火 ▶▶ 弱火

あんを作る

別のフライパンにサラダ油を入れて、**にんじんとしいたけ**を弱めの中火でふたをして蒸し焼きにする。にんじんがやわらかくなったら弱火にし、まぜ合わせた**B**を加える。とろみがつくまで火を通し、**3**にかける。

15 min.
さかな

ごはんが2杯いける！
ぶりの照り焼き

材料(2人分)
ぶり……2切れ（180g）
ねぎ……1/2本
サラダ油……小さじ1/2
A | 酒、みりん……各大さじ2
砂糖、しょうゆ……各大さじ1と1/2
おろししょうが……小さじ1/4
水……50ml

下ごしらえ

ねぎ
ぶつ切り

1
焼く
フライパンに**サラダ油**を熱し、**ぶり**と**ねぎ**を入れ、両面を弱めの中火で4分ずつ焼いて、とり出す。

弱中火

2
たれをからめる
フライパンの汚れをふきとり、**A**を入れて中火にかける。とろみがついたら**1**のぶりを戻し入れて全体にからめ、器に盛ってねぎを添える。

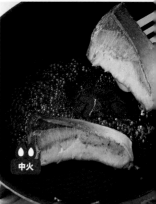

中火

完食
Point

たっぷりの甘いたれで子どももごはんが進みます。ぶりは脂がのった腹身の部分を選ぶと、ふんわりやわらか！

15 min. さかな

丸ごといけます

いわしの
ガーリックオイル

材料（2人分）

いわし（内臓はとらなくてOK）……4～5尾
ブラウンマッシュルーム……12個
A オリーブ油……100ml
おろしにんにく……大さじ1
顆粒コンソメ……小さじ1/2
塩……小さじ1/4

1
いわしを洗う
いわしは水洗いし、水けを
ふきとる。

2
オイル煮にする
フライパンに**1**とマッシュ
ルーム、**A**を入れて強火で
熱し、あたたまったらふた
をして弱めの中火で4分煮
て、上下を返し、さらに4
分煮る。

強火　弱中火

完食 Point

ふたをするから油が
はねてもこわくあり
ません。はらわたも
とらずに作れる究極
の手軽さで、魚くさ
さもなし！

30 min.

さかな

意外と南蛮漬けって簡単じゃん!

ししゃもの南蛮漬け。魚をおろす手間もなく手軽です!

材料 (2人分)

あじ……2尾
塩、こしょう……各ふたつまみ
かたくり粉……大さじ2
サラダ油……大さじ1

〈つけだれ〉
　玉ねぎ……1/2個 (100g)
　にんじん……1/4本 (45g)
　ピーマン……1個 (30g)
　A 酢……大さじ5
　　　しょうゆ、みりん、砂糖……各大さじ1
　　　赤とうがらし (小口切り)……少々

下ごしらえ

あじ
三枚におろし、塩、こしょうを振る

ピーマン
せん切り

にんじん
せん切り

玉ねぎ
薄切り

1

つけだれを作る

耐熱ボウルに**玉ねぎ、にんじん、ピーマン**を入れてラップをし、電子レンジ (600W) で2分ほど加熱する。まぜた**A**を加え、ラップをかけずに電子レンジで30秒加熱し、さっとまぜる。

2

皮目から焼く

あじに**かたくり粉**をまぶし、フライパンに皮目を下にして並べ、**サラダ油**を回し入れて中火にかける。あたたまったら弱めの中火にし、焼き色がつくまで4~5分焼く。

中火　弱中火

3

返す

上下を返して、さらに4~5分焼き、キッチンペーパーを敷いた皿にとり出す。

弱中火

4

漬ける

熱いうちに**1**に入れ、やさしくまぜ合わせる。冷蔵庫で15分以上冷やす。1日つけてもOK。

完食
Point

つけだれをチンして野菜の甘みを引き出しつつ、酢のとんがった酸味もまろやかに。鮭でもししゃもでもおいしいよ!

100点満点の
さんまのかば焼き

Arrange!

いわしバージョンも美味！
このたれ、やみつき必至です。

材料（2人分）

- さんま（開いてあるもの）……2尾（300g）
- かたくり粉……大さじ2
- サラダ油……大さじ1と1/2
- **A** | 酒、しょうゆ、水……各大さじ1
  砂糖、みりん
  ……各大さじ1と1/2

1 かたくり粉をまぶす

さんまは両面にかたくり粉をまぶし、フライパンに皮目を下にして並べる。

2 皮目から焼く

サラダ油を回しかけて強火にかける。パチパチと音がしてきたら弱めの中火にし、焼き色がついてカリッとするまで5〜6分焼く。

強火 ▶▶▶ 弱中火

3 返す

上下を返して、さらに5〜6分焼き、皿にとり出す。

弱中火

4 たれをからめる

フライパンの汚れをキッチンペーパーでふきとり、**A**を入れて中火にかける。煮立ったらさんまを戻し入れて両面にからめ、たれが半分になったら火を止める。

中火

完食 Point

食感も味もパーフェクト!! かたくり粉をつけてしっかり揚げ焼きにすることでカリッと香ばしく、くさみなく焼き上がり、たれもよくからみます。

手作りだしじょうゆで
バクダンです

材料 (2人分)

まぐろ (刺し身用) ……1/2さく (100g)

納豆……2パック

オクラ……10本

長いも……1/4本

卵黄……2個

〈自家製だしじょうゆ (作りやすい分量)〉

しょうゆ……大さじ3

砂糖、みりん……各小さじ2

顆粒和風だし……小さじ1/4

卵かけごはんやぶっかけうどん、刺し身などにも合う！ 多めに作って冷蔵庫へ

1
だしじょうゆを作る

耐熱容器に「**自家製だしじょうゆ**」の材料を入れてまぜ、ラップをせずに電子レンジ (600w) で1分30秒加熱し、冷ます。

2
具材を切って盛りつける

オクラは5mm厚さの小口切り、**長いも**は5mm角に切る。深めの皿に、**まぐろ**、**納豆**と一緒に盛り合わせ、中央に**卵黄**をのせ、**1**をかける。まぜて食べる。

下ごしらえ

まぐろ
ぶつ切り

オクラ
へたをとって耐熱容器に入れ、ラップをかけて電子レンジ (600w) で1分30秒加熱

完食
Point

だしじょうゆの甘みが食材のうまみを生かして、おいしく食べられます。ねばねば食材は、血液をきれいにして免疫力を高めてくれます。ごはんにのせてどんぶりにして食べてください！

ハワイのポキです

材料(2人分)

まぐろ(刺し身用)……1さく(200g)

アボカド……1個

A めんつゆ(3倍濃縮)……大さじ1

しょうゆ……大さじ1/2

砂糖……小さじ1/4

ごま油……小さじ1

下ごしらえ

まぐろ
ぶつ切り

1

レンジ加熱

アボカドは半分に切って種をとる。耐熱皿にのせて電子レンジ(600W)で15秒加熱し、変色を防ぐ。皮をむいて1cm角に切る。

2

まぐろをあえる

ボウルに**A**をまぜ合わせ、**まぐろ**をあえる。

3

アボカドを加える

1を加えてさっとまぜ合わせ、器に盛る。

完食
Point

いつものまぐろの刺し身が絶品だれでおいしい漬けになります。ごはんにのせてもめちゃうまです。

80

5 min.

さかな

人気のドレッシングを再現!

お刺し身サラダ

材料(2人分)

刺し身盛り合わせ……2人分(200g)

サラダミックス……1袋

A
まぜる
酢……大さじ2と1/2
砂糖、サラダ油……各大さじ1
しょうゆ……小さじ1
顆粒コンソメ……大さじ1/2
顆粒こぶだし……小さじ1/4
塩、こしょう……各ひとつまみ

1

刺し身を盛る

器に**刺し身**を並べる。

2

野菜をのせる

サラダミックスをのせる。**A**を泡立て器でコンソメがとけるまでよくまぜ、かける。

完食 Point

人気のドレッシングを完全再現。こんぶだしのうまみが隠し味です。ドレッシングがおいしければ、魚も野菜もペロリです!

ハワイの味です

ガーリックシュリンプ

材料 (2人分)

えび (無頭・殻つき／またはむきえび200g)
……15〜20尾 (230g)

A
バター……20g
オリーブ油……大さじ3
にんにく (みじん切り)……1玉
鶏ガラスープのもと……小さじ1/2
塩……ひとつまみ

1
背わたをとる
えびはキッチンばさみで背に切り込みを入れて、背わたをとる。

2
剣先をとる
尾の剣先 (鋭くとがった部分) をとり、水けをふく。

3
いためる
フライパンにAとえびを入れ、えびの色が変わるまで弱めの中火で両面を3分ほどいためる (むきえびを使う場合は殻がないぶんしょっぱくなってしまうので、塩を除く)。

弱中火

完食
Point

鶏ガラ+にんにくでパンチのあるハワイの味になります！ バターにオリーブオイルを加えることで、冷めても固まらないコクのあるガーリックシュリンプができました！

えびとブロッコリー
中華街の味

完食
Point

中華は油です！ 野菜はやわ
らかくいためて油でしっとり
させると、野菜嫌いの子ど
ももよく食べます。とろみの
ついた塩あんが最高です！

材料(2人分)

むきえび……150g
かたくり粉……小さじ1/2
ブロッコリー……1/2個(150g)
にんじん……1/4本
たけのこ(水煮)……1/4個(60g)
きくらげ(乾燥)……5g
ごま油……大さじ1と1/2
A | 酒……大さじ1
　　鶏ガラスープのもと、かたくり粉
　　　　……各小さじ1
　　砂糖、オイスターソース
　　　　……各小さじ1/2
　　おろしにんにく、おろししょうが
　　　　……各小さじ1/4
　　塩、こしょう……各少々
　　水……100ml

下ごしらえ

ブロッコリー
小房に分け、水を振ってラップをし、電子レンジ(600W)で3分加熱

にんじん
短冊切り

たけのこ
薄切り

きくらげ
水でもどす

1 かたくり粉をもみ込む

えびにかたくり粉をもみ込む。

2 いためる

フライパンに、えび、**にんじん、たけのこ、きくらげ、ごま油大さじ1**を入れて中火で熱し、ふたをして火を通す。途中、えびに火が通ったらとり出す。

中火

3 調味する

にんじんがやわらかくなったら、**ブロッコリー**を加え、えびを戻し入れる。まぜ合わせた**A**を加えてさっといためる。最後にごま油大さじ1/2を回しかける。

中火

冷凍えびを
使う場合は……

水200mlに対して重曹小さじ1を入れたものにつけて解凍すると、水分をとじ込めてえびがプリプリに!

材料(2人分)

あさり(殻つき)……300g
キャベツ……1/4個
酒……50ml

下ごしらえ

キャベツ
ざく切り

キャベツでかさ増し

あさりの酒蒸し

1
あさりを洗う
あさりは殻同士をこすり合わせるようにして汚れを洗い流す。

2
砂出しする
ざるを重ねたボウルにあさりを入れ、水と熱湯を同量注いで50度くらいにする。アルミホイルをかぶせて15分ほどおいて砂出しし、さっと洗う。

3
蒸す
フライパンにあさり、キャベツを入れ、酒を回しかけてふたをする。あさりの口があくまで中火で5分ほど蒸す。

中火

完食Point

キャベツを入れると、あさりのだしを吸ってやわらかくおいしくなるうえに、かさ増しにもなります。大満足の一品です!!

本気の
いかバター

10 min.

材料(2人分)

いか（下処理ずみのもの）……… 1ぱい
ねぎ……… 1/2本
おろしにんにく……… 小さじ1/2
バター……… 10g
しょうゆ……… 小さじ2

下ごしらえ

いか
胴は輪切り、
げそは食べ
やすく切る

ねぎ
斜め切り

1 いためる

フライパンにバター、にんにくを入れて弱めの中火にかけ、バターがとけたらいか、ねぎを加えて2分ほど手早くいためる。

弱中火

2 調味する

いかに火が通ったら、しょうゆを回しかけてさっといため合わせる。

弱中火

完食
Point

にんにくをきかせたバターしょうゆ味は、ごはんにもお酒にもよく合います。いかがかたくならないように、手早さ命で！

PART 3

揚げ物

揚げ物って、人気なのに作りたくない人が多いんです。
なんで？
油が多くてめんどう、はねる、カリッとしない、
衣がはがれる……など。
大丈夫！ 全部解決しますよ〜！
うちの揚げ物は簡単なので、毎日でも作れます。
朝からおべんとうでから揚げも
とんカツも毎日作れちゃうから、
「やった〜！」って喜ばれちゃってます!!

人気の
5大メニューを
完全マスター

から揚げ

フライド
チキン

揚げ物の極意

1 衣のバッター液はどろっとしているから
うまみをのがさずやわらかジューシー！

2 少ない油で油っこくなくサクサクに揚げる！

3 油がはねないレシピだからあわてない！

とんカツ

えびフライ

天ぷら

油大さじ3の スーパーから揚げ

材料(2人分)

鶏もも肉……1枚
A しょうゆ……大さじ1と1/2
　　酒……大さじ1
　　おろしにんにく……小さじ1
　　おろししょうが……小さじ1
かたくり粉……大さじ3
サラダ油……大さじ3
※油の量は、鶏肉の下に油が回るくらいでOK！

完食Point

濃いめに下味をつけるので、つけ込みは0分！ 少ない油で揚げ焼きにするから油っこくなく、カリッと仕上がります。しっかり味で箸が止まりません!!

---

1 下味をつける ⟶

鶏肉は一口大に切ってボウルに入れ、**A**を加えてよくもむ。

2 粉をつける ⟶

皿に**かたくり粉**を広げ、**1**にたっぷりまぶし、フライパンに並べる。

3 揚げ焼きにする

全体に**サラダ油**をかけ、揺すって底に油を回し、強火にかける。

強火

---→

4 完成

パチパチ音がしてあたたまったら、弱め
の中火にし、さわらずに揚げ焼きにする。

5分ほどで焼き色がついたら上下を
返し、さらに5分ほど揚げ焼きにする。
油がハネたら、余分な油をふきとる。

バットにとり出す。

弱中火

弱中火

弱中火

スーパーで人気のあの味、真似しました
骨つきフライドチキン

材料 (作りやすい分量)

鶏スペアリブ (手羽中)……16本

A 塩、あらびき黒こしょう、
　　砂糖……各小さじ 1/4

B 卵 1 個＋水……合わせて 100ml にする
　　薄力粉……80g
　　顆粒コンソメ……大さじ 1 と 1/2
　　砂糖……小さじ 2
　　おろしにんにく……小さじ 1/2
　　しょうゆ……小さじ 1
　　あらびき黒こしょう……小さじ 1/4

サラダ油……フライパンに深さ 1cm

完食 Point

ピリッとスパイシーでやみつきになるあの味を、家にある調味料で再現しました！下味と衣にしっかり味をつけて、弱火でじっくり揚げることで、味も見た目も、そっくりです。

1 下味をつける

鶏肉はボウルに入れて **A** をもみ込む。

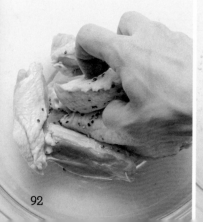

2 衣を作る

別のボウルに **B** を入れ、泡立て器でよくまぜる。※このとき **4** の小なべに**サラダ油**を深さ 1cm ほど入れ、中火で 1 分 30 秒加熱する。

中火
※小なべを火にかける

3 衣をつける

弱火にし、鶏肉の半量に衣をたっぷりつけて小なべに入れる。

弱火
※小なべを弱火にする

4 揚げる

衣が固まるまでさわらずに、弱火で4
～5分揚げる。

揚げ色がついたら、上下を返し、弱め
の中火にして3分ほど揚げる。

5 完成

こんがりと揚がったら、バットにとり
出す。残りの鶏肉も同様に揚げる。

弱火

弱中火

弱中火

スーパー豚こまとんカツ

材料(2人分)

豚こまぎれ肉……300g

A | 塩、こしょう……各ふたつまみ
　　| かたくり粉……大さじ1

B | 卵1個+水……合わせて80mlにする
　　| 薄力粉……50g

パン粉……40g

サラダ油……大さじ4

完食 Point

豚こまにかたくり粉をもみ、ギュッと握れば、形がくずれず、ロース肉のようにやわらかく、子どもでも食べやすいです。さらにバッター液でパン粉がしっかりつくので、サクサクに！

1 成形する

豚肉に**A**をもみ込む。

2等分し、10×15cmくらいの楕円形にととのえる。形がくずれないように、しっかり押さえる。

2 バッター液を作る

Bの卵を割りほぐし、水を加えてまぜる。

薄力粉を加え、なめらかになるまでよくまぜる。

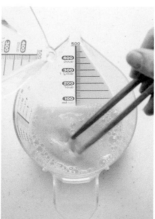

Arrange!

めんつゆで煮て卵でとじれ
ば大人気のカツ丼に！

→ **3 衣をつける** ──────────────→ **4 揚げ焼き** → **5 完成**

豚肉の全体にバッター液をま | 皿に**パン粉**を広げ、豚肉の表と | フライパンに**サラダ油大さじ3** | 揚げ色がついたら、上下
ぶす。| 裏、側面にしっかりつけ、フラ | を入れ、強火にかける。あたた | を返す。**サラダ油大さじ**
| イパンに並べる。| まったら弱めの中火にし、さわ | **1**を足し、3分ほど揚げ
| | らずに3分ほど揚げ焼きにする。| 焼きにしてとり出す。

強火 　弱中火

弱中火

背筋ピーン！
スーパーえびフライ

えびの下処理はp.100へ

材料(2人分)

えび(冷凍・無頭の殻つき)……大6尾

A | 塩、こしょう……各少々

薄力粉……大さじ1

B | 卵1個+水……合わせて80mlにする
薄力粉……50g

パン粉……50g

サラダ油……フライパンに深さ5mm

〈タルタルソース〉

C | 卵……2個
牛乳……小さじ2

D | マヨネーズ……大さじ6
砂糖……小さじ1

※えびは大正えびやブラックタイガーなど、大きめのものを。

完食 Point

えびは下処理をきちんとすることでくさみがなくなり、プリプリに！ 油のはねない衣で揚げ焼きにすれば、香ばしくてサクサクのおいしいえびフライになります。

1 ソースを作る → **2** 下味をつける → **3** 衣をつける

耐熱容器で**C**をよくまぜ、ラップをかけずに電子レンジ(600W)で1分ほど水けがなくなるまで加熱する。フォークでつぶして**D**をまぜる。

下処理した**えび**は水けをよくふき、**A**を振る。

えびに**薄力粉**をまぶす。

Bの卵を割りほぐし、水を加えてまぜる。薄力粉を加えてまぜ(p.94作り方2と同様)、えびにたっぷりつける。

---→ **4** 揚げる ---→ **5** 完成

皿に**パン粉**を広げてえびをのせ、上にも**パン粉**をかけ、手で握ってしっかりつける。

フライパンに**サラダ油**を深さ5mmほど入れて強火で熱し、あたたまったら弱めの中火にし、えびを並べ入れる。

1分ほどで揚げ色がついたら上下を返し、さらに1分ほど揚げ、とり出す。**1**のソースを添える。

強火　弱中火

弱中火

時間がたってもサクサク!
スーパー天ぷら

えびの下処理はp.100へ

材料(2人分)

えび(冷凍・無頭の殻つき)……大4尾
なす……1個
ピーマン……2個
さつまいも……7mm厚さ2枚
A 薄力粉……100g
　 水……100ml
　 酢……大さじ2
氷……3個
薄力粉……大さじ2
サラダ油……フライパンに深さ5mm
※えびは大正えびやブラックタイガーなど、大きめのものを。

下ごしらえ

さつまいも
水にさらし、
水けをきる

なす
縦半分に切り、
縦に切り込み
を5本入れる

ピーマン
半分に切る

1 衣を作る →

ボウルに**A**を入れて箸でさっくりとまぜ、粉っぽい状態で**氷**を加え、さっとまぜる。このまま粉っぽい状態を保つ。

2 野菜を揚げる

フライパンに**サラダ油**を深さ5mmほど入れて強火で熱し、あたたまったら弱めの中火にする。**さつまいも**に**薄力粉**を薄くまぶし、衣にくぐらせて油に入れる。**なす、ピーマン**も同様に油に入れる。

3 えびを揚げる

下処理した**えび**に薄力粉をたっぷりまぶす。

強火　　弱中火

完食 Point

衣がすごいんです‼ 衣に酢を加え、氷で冷やすことで、薄力粉の粘りを抑えてサクサクに! 酸味は熱でとびます。氷がとけて衣が水っぽくなったら、薄力粉を加えてドロッとさせてください。

4 完成

すぐに衣をたっぷりつけ、油に入れる。

弱めの中火のまま2~3分、揚げ色がついたら、上下を返す。

さらに2~3分揚げ、揚がったものからバットにとり出す。焦げそうになったら、火を弱める。

弱中火

弱中火

えびの下処理

えびが縮まらず、油ハネもせず、
失敗なく揚げる秘訣は"下処理"にあります。
ここでくわしく教えます！

1 重曹水につける

- 水500ml
- 重曹大さじ1

ボウルに凍ったえびを殻ごと入れ、水と重曹を加えてよくまぜる。20分ほどつけて解凍する。これがプリプリにするコツ！

↓

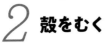

2 殻をむく

尾についている1節を残して殻をむく。

↓

3 背わたをとる

背に少し切り込みを入れ、背わた（黒い筋）をとる。

↓

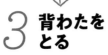

4 汚れをとる

- かたくり粉大さじ1
- 塩小さじ1/4
- 水大さじ1

ボウルにえび、かたくり粉、塩、水を入れてよくもみ、黒っぽい汁が出なくなるまで洗う。

5 剣先をとる

剣先（尾の間のとがった部分）をつまみとる。

↓

6 尾の先端を切る

尾の先端を斜めに切り落とし、包丁の刃先で尾の中の水をしごき出す。

↓

7 腹側の筋を切る

腹側に4〜5カ所、斜めに切り込みを入れて筋を切る。

↓

8 背側に反らす

プチッと音がするまで背側にグッと反らす。これで、揚げても背筋がピーン！丸まりません！

↓

9 水けをよくふく

油がハネないよう、残してある1節の殻の中の水けまで、キッチンペーパーで押さえてしっかりふく。

卵・豆腐のおかず

卵と豆腐は、うちではメインがちょっと
もの足りないな〜というときの
「かさ増し食材」です。
安くて、買いおきができて、とっても頼れる！
豆腐は冷ややっこ、卵は卵かけごはん、
そのまま食べてもOKだけど、
実はちょっと手をかけると、
ものすごーくおいしくなるのもホント。
家でできたての揚げだし豆腐を食べたら、感動しますよ。

激辛しびれ麻婆豆腐

だいずせいひん

Arrange!

ごはんにのっけて麻婆丼に。
吹き出す汗が気持ちいい！

102

材料(2人分)

絹ごし豆腐……1丁（300g）
豚ひき肉……150g
ねぎ……1/2本
ごま油……小さじ1

A おろしにんにく、おろししょうが、
　　　テンメンジャン……各小さじ1
　　だし入りみそ、トウバンジャン
　　　……各大さじ1/2

B 砂糖、しょうゆ……各小さじ2
　　鶏ガラスープのもと……小さじ1/2
　　水……200ml

C かたくり粉……大さじ1と1/2
　　水……大さじ2

ラー油……大さじ2
花椒（ホワジャオ）……小さじ1/4
赤とうがらし（小口切り）……お好みで

下ごしらえ

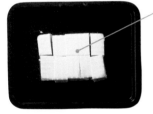
とうふ
10等分に切る

ねぎ
みじん切り

1 いためる

フライパンにごま油を中火で熱し、**ひき肉**、**ねぎ**をいため、肉の色が変わってきたら**A**を加えてまぜながらいためる。

中火

2 煮る

汁けがなくなるまでいため、**B**、**豆腐**を加えて2〜3分煮る。

中火

3 とろみをつける

まぜ合わせた**C**を加えてまぜながら煮て、とろみがついたら火を止め、**ラー油**、**花椒**を加えてまぜる。器に盛り、**赤とうがらし**を散らす。

完食 Point

花椒を加えると一気に本場の味に！　しびれる辛さがやみつきになります。さらに辛さがほしいときは一味とうがらしを加えて、好みの辛さにしてください。

世界最速ホワイトソースで
豆腐グラタン

材料(2人分)

木綿豆腐……1丁（300g）

A
- 薄力粉……大さじ1
- バター……15g
- 顆粒コンソメ……小さじ1/2
- 砂糖……小さじ1/4
- 塩……ひとつまみ
- 牛乳……150ml

ピザ用チーズ……60g

トマトケチャップ……お好みで

1 ソースの材料をまぜる

耐熱ボウルに**A**を入れ、泡立て器でよくまぜる。

2 レンジ加熱

ラップをかけずに電子レンジ（600W）で加熱する。1分ごとにとり出してまぜ、計4分加熱する。

3 豆腐にかける

耐熱容器に**豆腐**を入れて**2**をかけ、**ケチャップ**をかけて**チーズ**を散らす。

4 焼く

オーブントースターで10分ほど焼く。

完食 Point

材料をすべてまぜたら、レンジでチンするだけの世界最速ホワイトソース。ホワイトソース＋ケチャップ＋チーズで、あっさりとした豆腐を主役級に！

15 min.

だいずせいひん

お父さんの好きな
揚げだし豆腐

材料(2人分)

木綿豆腐……1丁(300g)
かたくり粉……大さじ5
サラダ油……大さじ1
しめじ……1/2パック
A | しょうゆ、みりん……各大さじ1
　 | 砂糖……大さじ1/2
　 | かたくり粉……小さじ2
　 | 顆粒和風だし……小さじ1/2
　 | 水……150ml

下ごしらえ

しめじ
石づきを
とって
ほぐす

豆腐
4等分に切る

1
かたくり粉を
まぶす

豆腐はキッチンペーパーで水けをふき、すぐ全面に**かたくり粉**をしっかりまぶしてフライパンに並べる。

↓

2
揚げ焼きにする

サラダ油を回しかけて強火で熱し、パチパチと音がしてきたら弱めの中火にして揚げ焼きにし、焼き色がついたら返して計10分ほど揚げ焼きにする。キッチンペーパーにとり出し、器に盛る。

強火　　弱中火

↓

3
あんを作る

小なべに**しめじ**、**A**を入れ、かたくり粉が完全にとけるまでまぜてから中火にかけ、1分ほど煮てとろみがついたら**2**にかける。

中火

完食Point

カリッとした衣にだしのきいた甘めのあんで、あんまで残さずきれいにペロリです。水きり不要もうれしいポイント。

糖質オフピザ

材料(2人分)

油揚げ……1枚
マヨネーズ……大さじ1と1/2
ベーコン……1枚
ピーマン……1個
ピザ用チーズ……40g
あらびき黒こしょう……お好みで

下ごしらえ

ベーコン
1cm幅に
切る

ピーマン
5mm幅の
輪切り

1 箸を転がす

油揚げに菜箸を軽く押しつけるようにしてコロコロと転がし、開きやすくする。

2 開く

油揚げの3辺を切り、開く。切った端は刻んで具材にする。

3 焼く

天板にアルミホイルを敷いて**2**をのせ、**マヨネーズ**をまんべんなく塗り、**油揚げの切れ端、チーズ、ベーコン、ピーマン**を順にのせる。オーブントースターでチーズがとけるまで10分ほど焼き、**黒こしょう**を振る。

完食Point

油揚げは油抜きをせずに使うことで、カリッとクリスピーに。マヨネーズのジュワッとしたコクがクセになります。

1/2日分の野菜がとれる
とんぺい焼き

材料(2人分)

卵……2個
豚こまぎれ肉……200g
塩、こしょう……各少々
もやし……1袋(200g)
キャベツ……1/8個
顆粒かつおだし……小さじ1/4
サラダ油……大さじ2
お好み焼きソース(または中濃ソース)、
　　マヨネーズ……お好みで

下ごしらえ

豚肉
塩、こしょうを
振る

キャベツ
せん切り

1
いためる

フライパンに**豚肉**、**サラダ油大さじ1**を入れ、強火で2分ほどいためる。肉に火が通ったら、**もやし**、**キャベツ**、**かつおだし**を加えていため、野菜がしんなりしたら皿にとり出す。

強火

2
薄焼き卵を作る

フライパンの汚れをふきとり、**サラダ油大さじ1**を入れて強火で熱し、といた**卵**を流し入れて菜箸で大きく2〜3回まぜる。

強火

3
包む

卵の下の面が固まったら火を止め、手前に**1**をのせて二つ折りにする。フライパンに皿をかぶせ、ひっくり返すようにのせ、**お好み焼きソース**、**マヨネーズ**をかける。

完食
Point

卵で包み、ソースとマヨネーズをかけるだけで、たっぷりの野菜もペロリと完食できます！　隠し味のかつおだしもおいしさの秘密。野菜が苦手な子どもにも人気です。

めんつゆの味つけ卵がナンバーワン！

材料（作りやすい分量）

冷えた卵……4個
めんつゆ（3倍濃縮）……大さじ2

1 ゆでる

なべに湯を中火で沸かし、冷蔵庫から出したばかりの卵をお玉でそっと入れ、7分ゆでる。

中火

2 氷水で冷やす

ざるに上げ、殻に軽くひびを入れてから氷水につけて5分ほどしっかり冷やし、殻をむく。

3 つける

ファスナーつき保存袋に卵を入れて**めんつゆ**を加え、空気をしっかり抜いて密閉し、冷蔵庫で1時間つける。

完食Point

半熟とろ～り、だしのきいた間違いのないおいしさ！ 殻にひびを入れてから冷やすと、つるんときれいにむけます。

野菜のおかず

女性は野菜が好きだけど、
男性、子どもは食べなかったりしませんか？
そんなお悩みを解決するため、ここでご紹介するのは
「野菜嫌いの子でも食べるレシピ」です！
キャベツ、きゅうり、小松菜など、
ある野菜だけでパパッと作れる副菜もいいけど、
いろいろな野菜で作るボリューム副菜や、
作りおきできる副菜も役立つ。
ということで、人気の野菜料理を全部出しきりました。

パパッと簡単！ 完食副菜

no.1 アメリカンスピナッチサラダ

材料（作りやすい分量）

サラダほうれんそう
……1袋（100g）
マッシュルーム……5個
A｜オリーブ油……大さじ1
　｜酢……大さじ1/2
　｜塩……ひとつまみ
　｜あらびき黒こしょう……少々

作り方

1
ほうれんそうは食べやすく切る。マッシュルームは薄切りにする。

2
器に**1**を盛り、食べる直前にまぜ合わせた**A**をかけてあえる。

no.2 チェダーチーズポテト

材料（作りやすい分量）

フライドポテト（冷凍）……200g
サラダ油……大さじ1
塩……小さじ1/4
牛乳……50ml
A｜チェダーチーズ（スライス）
　｜……4枚
　｜顆粒コンソメ
　｜……小さじ1/4

作り方

1
フライパンに**フライドポテト**を入れ、弱めの中火でからいりし、油がはねないように水分をとばす。

2
サラダ油を回しかけ、10分ほど揚げ焼きにし、キッチンペーパーにとり出し、**塩**を振って器に盛る。

3
小なべに**牛乳**を入れて弱めの中火で熱し、ふつふつしたら火を止める。**A**を加えて木べらでまぜてとかし、**2**にかける。

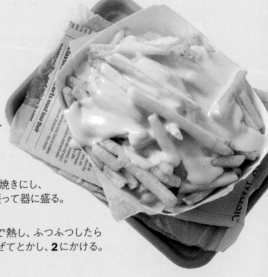

no.3 パスタなしナポリタン

材料（作りやすい分量）

ウインナソーセージ
……6～7本
玉ねぎ……1個
ピーマン……1個
サラダ油……小さじ1
トマトケチャップ……大さじ3
あらびき黒こしょう……お好みで

作り方

1
ソーセージは斜め切り、**玉ねぎ**は1cm厚さに、**ピーマン**は細切りにする。

2
フライパンに**サラダ油**を中火で熱して**1**をいため、玉ねぎがしんなりしたら**ケチャップ**を加えていため合わせ、好みで**あらびき黒こしょう**を振る。

no.4 お通しキャベツ

材料（作りやすい分量）

キャベツ……1/4個

A ごま油……大さじ1と1/2
おろしにんにく……大さじ1/2
塩、うまみ調味料……各ひとつまみ

作り方

キャベツはせん切りにし、まぜ合わせた**A**をかける。

no.5 枝豆のおしゃれなやつ

材料（作りやすい分量）

枝豆（冷凍）……150g

A オリーブ油……大さじ1
おろしにんにく……小さじ1
赤とうがらし（小口切り）
……ひとつまみ
塩……小さじ1/4
あらびき黒こしょう……少々

作り方

1
枝豆は解凍し、フライパンに入れてからいりし、水けをとばす。
2
Aを加え、いため合わせる。

no.6 ナムルは小松菜がいい!

材料（作りやすい分量）

小松菜……1束

A 塩、うまみ調味料
……各ふたつまみ
ごま油、いり白ごま
……各大さじ1

作り方

1
小松菜は5cm長さに切る。
2
なべにたっぷりの湯を沸かし、小松菜を2分ほどゆでてざるに上げ、あら熱がとれたら軽く水けをしぼる。
3
ボウルに**2**と**A**を入れ、あえる。

no.7 無限みそきゅうり

材料（作りやすい分量）

きゅうり……1本
くるみ……10g

A みそ……大さじ1
はちみつ……小さじ2

作り方

1
きゅうりは長さを半分に切り、それぞれを縦に十字に切り、器に盛る。
2
くるみはこまかく刻んで**A**とまぜ、**1**に添える。

no.8 感動のブロッコリーの チーズ焼き

材料（作りやすい分量）
ブロッコリー……1個（300g）
ピザ用チーズ……40g
マヨネーズ……お好みで

作り方

1
ブロッコリーは小房に分けて耐熱容器に入れ、ラップをかけて電子レンジ（600W）で4分ほどかために加熱し、ざるに上げて水けをきる。

2
耐熱皿に**1**を並べ、**マヨネーズ**をかけて**チーズ**を散らす。オーブントースターで焼き色がつくまで10分ほど焼く。

no.9 ごまあえにひじき を入れたらおしゃれじゃない?

材料（作りやすい分量）
さやいんげん……1袋（100g）
にんじん……1/2本
ひじき（乾燥）……5g
A すり白ごま……大さじ6
　めんつゆ（3倍濃縮）
　　……大さじ2
　砂糖……大さじ1/2

作り方

1
いんげんは長さを3等分に切り、にんじんは細切りにする。

2
小さめの耐熱ボウルに**ひじき**とたっぷりの水を入れ、電子レンジ（600W）で2分ほど加熱し、ざるに上げてさっと洗う。

3
耐熱ボウルにいんげん、にんじんを入れ、電子レンジ（600W）で4分ほど加熱し、**2**と**A**を加えてあえる。

no.10 浅漬けチャンピオン

材料（作りやすい分量）
キャベツ……1/4個
きゅうり……1本
A 顆粒こぶだし
　　……大さじ1/2
　塩、うまみ調味料
　　……各ふたつまみ

作り方

1
キャベツは手でちぎる。きゅうりは薄い小口切りにする。

2
ファスナーつき保存袋に**1**と**A**を入れ、口をあけたまま袋の上からもみ込み、空気を抜いて密閉し、冷蔵庫で2時間ほど漬ける。

_{no.}11 かに酢できゅうりとわかめの酢の物

材料（作りやすい分量）

わかめ（乾燥）……10g
きゅうり……1本
かに風味かまぼこ……4本
A｜酢……大さじ6
　｜砂糖……大さじ1
　｜顆粒こぶだし……小さじ1/2

作り方

1
きゅうりは薄い小口切りにし、**塩ふたつまみ**（分量外）をもみ込んで5分おき、手で水けをしぼる。**わかめ**はたっぷりの水でもどし、水けをしぼる。

2
器に**1**、ほぐした**かにかま**を盛り、まぜ合わせた**A**をかける。

_{no.}12 普通のこんにゃくで酢みそがけ

材料（作りやすい分量）

こんにゃく……1/2枚（100g）
A｜みそ、酢
　｜……各大さじ1/2
　｜ねりがらし……3cm
　｜砂糖……小さじ1

作り方

1
こんにゃくは5mm厚さに切り、熱湯でゆでて氷水にとり、1分ほど冷やしてざるに上げる。

2
器に盛り、まぜ合わせた**A**をかける。

_{no.}13 ピーマンの苦み、とっちゃいました

材料（作りやすい分量）

ピーマン……3個（90g）
A｜塩こんぶ……5g
　｜ごま油……大さじ1/2
　｜いり白ごま……適量

作り方

1
ピーマンはへたと種を除き、5mm幅の細切りにする。

2
耐熱ボウルに**1**、**A**を入れてまぜ、ラップをかけて電子レンジ（600W）で2分ほど加熱する。

_{no.}14 うま辛きゅうり

材料（作りやすい分量）

きゅうり……2本
塩……ふたつまみ
A｜鶏ガラスープのもと……小さじ1
　｜おろしにんにく、酢、
　｜　　ごま油……各小さじ1/2
　｜赤とうがらし（小口切り）……ひとつまみ
　｜あらびき黒こしょう……少々

作り方

1
きゅうりは長さを3～4等分に切り、それぞれ縦に十字に切り、**塩**とともにポリ袋に入れて15分ほどおく。

2
きゅうりから出た水けをきり、**A**を加えて10分ほど味をなじませる。

パクチー嫌いの
克服サラダ

材料(2人分)

パクチー……1束
トマト……大1個
アーリーレッド(赤玉ねぎ)……1/4個
牛こまぎれ肉……200g
塩……ふたつまみ
こしょう……少々
レモン……1個

下ごしらえ

パクチー
茎はみじん切り、
葉は食べやすい
大きさに切る

トマト
1cm角に切る

レモン
縦半分に切る

アーリーレッド
薄切りにして水にさらし、
辛みがなくなるまで
もみ洗いし、水けをきる

1

牛肉をいためる

フライパンに**牛肉、塩、こ
しょう**を入れて強火にかけ、
焼き色がつくまで2分ほど
いため、キッチンばさみで
小さく切り、ボウルに入れ
て冷ます。

強火

2

まぜ合わせる

**パクチー、トマト、赤玉ね
ぎ**を加え、**レモン**をしぼっ
てまぜ合わせる。

完食
Point

味つけはレモンと塩、こしょうだ
け! フレッシュなパクチーと野
菜、牛こまの相性が抜群で、とて
も食べやすいです。これでたくさ
んのパクチー嫌いを克服させて
きました!

レンチン ポテサラ

材料 (2人分)

じゃがいも……小3個(300g)
きゅうり……1本
玉ねぎ……1/4個
ロースハム……4枚
A 酢……大さじ2
　　砂糖……大さじ1
マヨネーズ……大さじ6

下ごしらえ

じゃがいも
四つ割り

きゅうり
薄い小口
切り

ロースハム
短冊切り

玉ねぎ
繊維を断つように薄切りにし、
水にさらす

1

レンジ加熱

耐熱容器にじゃがいもを入れ、ラップをかけて電子レンジ(600W)で6分加熱する。じゃがいもが熱いうちにめん棒などでつぶしながら皮を除く。

2

味つけ

熱いうちに**A**を加えてまぜる。

3

あえる

きゅうり、玉ねぎ、ハム、マヨネーズを加え、ざっくりまぜ合わせる。

完食
Point

酢と砂糖で先に味をつけることで、甘ずっぱくコクのあるポテサラに。じゃがいもの皮は加熱するとスルッとむけます。

しらたき
冷やし中華

材料（2人分）

きゅうり……1/2本
しらたき……1/2袋（95g）
ロースハム……3枚
もやし……1/2袋（100g）

A
まぜる

しょうゆ、酢……各大さじ2
砂糖……大さじ1
ごま油……小さじ1

下ごしらえ

きゅうり
せん切り

ロースハム
細切り

しらたき
食べやすい
長さに切る

1 ゆでる

フライパンに湯を中火で沸かし、**もやし**、**しらたき**の順にそれぞれさっとゆで、別々のざるに上げて水けをきり、冷ます。

中火

2 たれをかける

器にしらたきを盛り、もやし、**きゅうり**、**ハム**をのせ、食べる直前に**A**をかける。

完食
Point

ヘルシーでおなかも大満足の一品。手作り冷やし中華風ドレッシングで、野菜までたくさん食べられます。

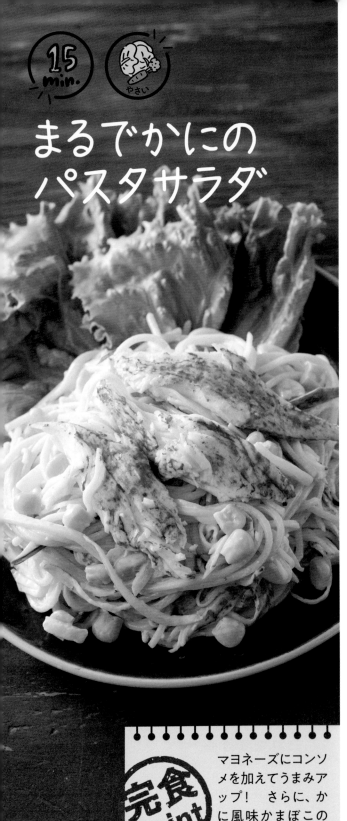

15 min.

やさい

まるでかにの
パスタサラダ

材料 (2人分)

かに風味かまぼこ……12本
スパゲッテイ……100g
玉ねぎ……1/2個
粒コーン缶……60g
きゅうり……1/2本

A | マヨネーズ……大さじ6
  | 顆粒コンソメ……小さじ1
  | こしょう……少々

下ごしらえ

かに風味
かまぼこ
縦4等分に
裂く

きゅうり
せん切り

コーン
缶汁をきる

1

スパゲッティを
ゆでる

なべにたっぷりの湯を沸かしてスパゲッティを袋の表示どおりにゆで、水にとって冷まし、水けをしっかりきる。

↓

2

玉ねぎを
もみ洗いする

玉ねぎは薄切りにして水にさらし、もみ洗いして辛みを抜き、水けをしっかりきる。

↓

3

あえる

ボウルに**1**、**2**、かにかま、**きゅうり**、コーンを入れ、**A**を加えてあえる。

完食
Point

マヨネーズにコンソメを加えてうまみアップ！ さらに、かに風味かまぼこの甘みが加わり、あっという間に完食です。

15 min.

やさい

残らない
野菜いため

材料（2人分）

豚こまぎれ肉……150g
かたくり粉……小さじ1
キャベツ……1/8個
もやし……1/2袋
ピーマン……1個
にんじん……1/4本
サラダ油……大さじ1
A｜鶏ガラスープのもと、オイスターソース、
まぜる｜酒、しょうゆ……各小さじ1
｜おろしにんにく……小さじ1/2
｜こしょう……少々
ごま油……大さじ1/2

下ごしらえ

豚肉
かたくり粉
をもみ込む

にんじん
短冊切り

ピーマン
細切り

キャベツ
葉はざく切り、
軸はそぎ切り

1
いためる
フライパンに**サラダ油**を中火で熱し、**豚肉**、**にんじん**を4～5分いためる。

中火

2
キャベツとピーマンを加える
にんじんがやわらかくなったら**キャベツ**と**ピーマン**を加えてさっといため、弱めの中火にし、ふたをして1分ほど火を通す。

弱中火

3
調味する
キャベツに火が通ったら**もやし**を加え、**A**を加えてさっといため、最後に**ごま油**を回しかけて火を止める。

弱中火

完食
Point

野菜はやわらかく蒸し焼きにすることで、甘みが増します。もやしは最後に加えて、シャキッと仕上げましょう。

おつまみ
こんにゃく
ピリ辛煮

やさい

材料(2人分)

こんにゃく……1枚(220g)

ごま油……小さじ1/2

A
| みりん……大さじ2
| しょうゆ……大さじ1と1/2
| 砂糖……大さじ1
| 酒……大さじ1/2
| 酢……小さじ1/2
| 赤とうがらし(小口切り)……ひとつまみ

下ごしらえ

こんにゃく
厚みと長さを
半分に切り、
三角形に切る

1

もみ洗いする

こんにゃくは水でしっかり
もみ洗いし、水けをきる。

2

からいりする

フライパンに入れて中火に
かけ、水分がとんだらごま
油を加える。

中火

3

いため煮にする

さっといため、まぜ合わせ
たAを加え、汁けがなくな
るまで弱めの中火でいため
煮にする。

弱中火

完食
Point

お総菜コーナーで
人気のおつまみこ
んにゃくを再現しま
した。ごはんにもお
酒にも合う名脇役で
す。

20 min. やさい

世界最速煮物
土佐煮

完食
Point

煮汁を多めにしているので、パサつきがちな土佐煮が最後までしっとりおいしく食べられます。

材料(2人分)

たけのこ(水煮)……1個
こんにゃく……1枚(220g)
A | めんつゆ(3倍濃縮)……大さじ5
　　　| しょうゆ……大さじ1/2
　　　| 砂糖……大さじ1
　　　| 水……400ml
かつお節……ひとつかみ

下ごしらえ

こんにゃく
一口大に
ちぎる

たけのこ
長さを半分に切り、上部はくし形切り、
下部は1.5cm厚さに切る

1
もみ洗いする

こんにゃくは水でしっかり
もみ洗いし、水けをきる。

2
煮る

なべに**たけのこ**、こんにゃ
く、**A**を入れて中火にかけ、
煮立ったら弱めの中火にし
て15分ほど煮る。

中火　弱中火

3
かつお節を
加える

火を止めてから、**かつお節**
を加える。

新きんぴらごぼう

材料(2人分)

鶏もも肉……1枚
ごぼう……1本
にんじん……1/2本
ごま油……小さじ1/2
A｜みりん……大さじ2
　｜鶏ガラスープのもと
　｜　……小さじ1と1/2
　｜酒、しょうゆ……各小さじ1
　｜砂糖……大さじ1
　｜赤とうがらし(小口切り)……少々

下ごしらえ

にんじん
5cm長さの
せん切り

完食
Point

きんぴらは鶏肉が
入ると、めちゃめち
ゃおいしくなるんで
す！ 肉汁を吸って、
にんじん、ごぼうも
おいしくなります。

ごぼうの アク抜きをする

ごぼうは洗い、皮つきのま
ま縦半分に切り、斜め薄切
りにし、水を張ったボウル
に入れる。ごぼう同士でこ
すり洗いして水をとりかえ
る、をくり返し、水けをきる。

鶏肉を 蒸し焼きに

フライパンにごま油、鶏肉、
1、にんじんを入れ、ふたを
して弱めの中火で5分蒸し
焼きにし、鶏肉に焼き色が
ついたら上下を返し、さらに
に5分蒸し焼きにする。途
中、何度か野菜をまぜる。

弱中火

はさみで切る

火を止め、鶏肉をキッチン
ばさみで食べやすい大きさ
に切る。

止

いため煮にする

ごぼうがやわらかくなった
らAを加え、汁けがなくな
るまでいため煮にする。

中火

30 min.
※味をしみ込ませる時間は除く

やさい

京都の煮物どすえ。

材料(2人分)

さつまいも……小1本(150g)
にんじん……1/2本
たけのこ(水煮)……1/2個
干ししいたけ……4個
厚揚げ……小1枚(160g)
さつま揚げ……2枚(120g)
こんにゃく……1/2枚(110g)
A｜白だし……100ml
　｜みりん……大さじ3
　｜砂糖……大さじ2
　｜水……800ml

下ごしらえ

さつまいも
輪切りにして
水にさらす

さつま揚げ
4等分に切る

厚揚げ
6等分に
切る

こんにゃく
2cm角に
切って洗う

たけのこ
くし形切り

にんじん
乱切り

1 具材を入れる

深めのフライパンに**すべて
の具材**と**A**を入れ、中火に
かける(干ししいたけもそのまま入
れてOK)。

中火

2 煮る

沸騰したら弱めの中火にし、
クッキングシート(またはアル
ミホイル)で落としぶたをし、
フライパンのふたをしてに
んじんがやわらかくなるま
で20分ほど煮る(クッキング
シートの端はフライパンの内側に入
れ込む)。火を止めてふたを
とり、落としぶたをしたまま
10分ほどおくと味がよくし
みる。

弱中火

完食
Point

煮物は甘みです！　かんだ瞬間、
だしのきいた甘い汁がジュワッと
あふれ出る煮物は残りません。し
ょうゆを使わず白だしで白く仕上
げる煮物はお正月にも◎。

かぼちゃと
豚肉の
おいしいやつ

やさい

材料（2人分）

かぼちゃ……1/4個（400g）

豚こまぎれ肉……200g

めんつゆ（3倍濃縮）……大さじ2

1

レンジ加熱

かぼちゃは食べやすい大きさに切る。耐熱ボウルに**豚肉**、かぼちゃの順に入れ、ラップをかけて電子レンジ（600W）で10〜12分加熱し、豚肉をほぐす。

2

あえる

めんつゆをかけて、あえる。

完食
Point

レンチン後の熱々にめんつゆをかければ、味がバシッと決まります。レンチンで作ったとは思えないおいしさです。

一番相性のいい煮物は鶏と大根です

材料（2人分）

鶏もも肉……1枚
大根……1/3本
おろししょうが、サラダ油……各小さじ1

A | 砂糖、しょうゆ、みりん……各大さじ1と1/2
　 | 酒……大さじ1
　 | 顆粒かつおだし……小さじ1/2
　 | 水……600ml

下ごしらえ

大根
1cm厚さのいちょう切り

鶏肉
9等分に切る

完食Point

大根をおいしくしてくれる最強の食材は鶏肉です！ 鶏肉をいためてから煮るとコク深い味わいになります。

1 大根の下ゆで

なべに**大根**を入れ、かぶるくらいの水と米大さじ1（分量外）を加え、中火にかける。沸騰したら竹ぐしがスッと通るまで10分ほどゆで、米を洗い流して水けをきる。

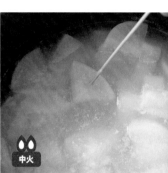

2 いためる

深めのフライパンに**サラダ油**を中火で熱し、**鶏肉**と**おろししょうが**を入れて5分ほどいためる。

3 煮る

1、**A**を加え、煮立ったらふたをして弱めの中火で20分ほど煮る（水っぽかったらふたをとり、5分煮詰める）。

牛丼屋の
茄子味噌いため
の味です

材料（2人分）

なす……2個
豚こまぎれ肉……150g
かたくり粉……小さじ1
玉ねぎ……1/2個
サラダ油……大さじ2

A まぜる
- テンメンジャン……大さじ1と1/2
- しょうゆ……大さじ1/2
- 砂糖……小さじ1/2
- おろしにんにく、おろししょうが、鶏ガラスープのもと……各小さじ1/4

下ごしらえ

豚肉
かたくり粉をもみ込む

玉ねぎ
1cm厚さに切る

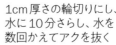

なす
1cm厚さの輪切りにし、水に10分さらし、水を数回かえてアクを抜く

1

いためる

豚肉を入れたフライパンに**サラダ油**を回しかけていため、**なす**、**玉ねぎ**を加え、なすに火が通るまで6～7分いためる。

中火

2

調味する

まぜ合わせた**A**を加え、全体にからめる。

中火

完食Point

なすはアク抜きして多めの油でいためるのがコツ。テンメンジャンの甘みそで食べやすくなります。

汁物・なべ物

うちでは朝からお雑煮、食べちゃうんです。変わっていますか?
汁物って、体があたたまるし、ほっとするんですよね。
具だくさんなら、朝食はごはん＋汁物だけでも満足です。
なべはつゆの味がしっかりしているから、
なべつゆのもとを買わなくてすみます!
残り野菜を何でも入れてドーンと作れるから、
忙しいときはなべ1品ですませちゃっても大満足です!!

あとはごはんが あればいい！
具だくさん豚汁

翌朝は、冷凍うどんを加えて山梨名物・ほうとう風に。

材料 (4人分)

豚こまぎれ肉……300g
にんじん……1本
ごぼう……1本
ねぎ……1本
こんにゃく……1枚(220g)
木綿豆腐……1丁(300g)
だし入りみそ……大さじ4
サラダ油……大さじ1/2
A 水……1200ml
　酒、みりん……各大さじ2
　顆粒かつおだし……大さじ1

下ごしらえ

にんじん
いちょう切り

ねぎ
斜め薄切り

ごぼう
皮ごとささがき
にし、もみ洗いし
てて水にさらす

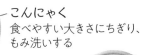
こんにゃく
食べやすい大きさにちぎり、
もみ洗いする

豆腐
1.5cm角に切る

1 いためる

なべに**サラダ油**を強火で熱し、中火にして**豚肉、にんじん、ごぼう、ねぎ、こんにゃく**をいためる。

強火 ▶▶ 中火

2 みそを加える

肉の色が変わったら**みそ**を加え、からめながらいためる。

中火

3 煮る

みそがなじんだら、**A、豆腐**を加え、弱めの中火で、野菜がやわらかくなるまで煮る。

弱中火

完食 Point

みそでいためてから煮ると、具材に味がしみ、野菜に甘みも出てコクのある仕上がりになります。具だくさんなので、これとごはんだけでも十分に満足できます。

133

子どもがモリモリ食べる
ミネストローネ

スパゲッティを加えて、スープパスタに。

134

材料（4人分）

キャベツ……1/8個
玉ねぎ……1/2個
にんじん……1/2本
ベーコン……大3枚
おろしにんにく、オリーブ油
　　……各小さじ1
A ｜ 水……800ml
　　｜ トマト缶……1缶（400g）
　　｜ トマトケチャップ……大さじ5
　　｜ 顆粒コンソメ……大さじ1
　　｜ 砂糖……小さじ2
　　｜ こしょう……少々

下ごしらえ

キャベツ
1.5cm角に切る

にんじん
1.5cm角に切る

玉ねぎ
1.5cm角に切る

ベーコン
1.5cm幅に切る

1

いためる

なべに**オリーブ油**を強火で熱し、中火にして**にんにく**と**野菜**、**ベーコン**を入れ、全体に油が回るまで3分ほどいためる。

強火 → 中火

2

煮込む

Aを加えて強火にし、沸騰したら弱めの中火にしてふたをし、にんじんがやわらかくなるまで8分ほど煮る。

強火 → 弱中火

完食 Point

ケチャップと砂糖で、トマト缶の酸味をこっくりまろやかにします！　野菜はいためると青くささがなくなり、甘みとうまみが凝縮して奥深い味わいになります。子どもにも人気のスープです。

30 min.

しるもの

人気のクラムチャウダー 真似しちゃいました

材料(2人分)

あさり(殻つき)……小1パック(130g)
じゃがいも……1/2個
玉ねぎ……1/4個
にんじん……1/4本
ベーコン……大1枚
バター……15g
酒……大さじ2
薄力粉……大さじ4
牛乳……400ml
A 水……200ml
　　顆粒コンソメ、粉チーズ
　　　　……各大さじ1/2
　　砂糖……ひとつまみ

下ごしらえ

ベーコン
1cm幅に切る

にんじん
1cm角に切る

じゃがいも
1cm角に切る

玉ねぎ
1cm角に切る

あさり
水でこすり洗いし、
50度の湯につけて
15分おいて砂出し
(p.86参照)

完食
Point

大型スーパーで人
気のあの味を、生ク
リームを使わずに牛
乳＋バター＋粉チー
ズで仕上げました。

1

あさりを
酒蒸しする

深めのフライパンにあさり、
酒を入れてふたをし、強火
で1〜2分蒸してとり出す。

強火

2

いためる

1のフライパンに**バター**と
野菜、**ベーコン**を入れて強
火で熱し、弱めの中火にし
て玉ねぎがしんなりしたら
薄力粉を振り入れ、まぶし
ながらいためる。

強火　弱中火

3

牛乳を加えて
煮る

薄力粉が全体になじんだら、
牛乳を少しずつ加えながら
なめらかになるまでよくま
ぜ、**A**を加えて弱火で15
分ほど煮る。

弱火

4

あさりを戻す

野菜がやわらかくなったら
あさりを戻し入れてひと煮
する。

弱火

人気の
わかめスープに
そっくりです

材料 (2人分)

わかめ (乾燥) ……… 3g

ごま油 ……… 小さじ1/4

A | 水 ……… 400ml
ダシダ (牛肉だしのもと) ……… 大さじ1/2
塩 ……… 小さじ1/4
砂糖 ……… ふたつまみ

いり白ごま、小ねぎ (小口切り) ……… お好みで

下ごしらえ

わかめ
水でもどす

スープを作る

なべにAを入れて中火で煮立て、**わかめとごま油**を加えて火を止める。器に盛り、白ごまと小ねぎを散らす。

中火

完食
Point

人気のインスタントわかめスープの味を完全再現しました！ダシダは神です。ぜひスーパーで買ってください。

138

5 min.

しるもの

白だしで一発！

豆腐の癒し汁

材料（2人分）

絹ごし豆腐……1/2丁（150g）

小ねぎ……お好みで

A　水……400ml

　　白だし……大さじ2と1/2

　　しょうゆ、みりん……各大さじ1/2

下ごしらえ

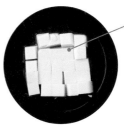

豆腐
さいの目切り

小ねぎ
小口切り

1

だしを作る

なべにAを入れて中火でひと煮する。

中火

2

豆腐を加える

弱火にして豆腐を加え、さっと火を通して器に盛り、小ねぎを散らす。

弱火

完食
Point

白だしを使えば上品なお吸い物があっという間に完成！ つるんとなめらかな豆腐とだしのうまみにしみじみ癒されます。

15 min. しるもの

朝からお雑煮
作れます

材料 (2人分)

鶏もも肉……1枚
かまぼこ……2cm厚さ
しいたけ……2個
小松菜……1/4束
切りもち……2個

A | 水……800ml
  | 顆粒かつおだし……大さじ1
  | 酒、しょうゆ……各大さじ2
  | 塩……ひとつまみ

下ごしらえ

鶏肉
一口大に切る

かまぼこ
4枚に切る

小松菜
ざく切り

しいたけ
石づきをとって
飾り切り

1
鶏肉を煮る

なべにA、鶏肉を入れて強火で煮立て、鶏肉に火が通るまで中火で煮る。もちはオーブントースターで焼く。

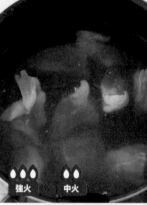

強火　中火

2
具材を加える

かまぼこ、しいたけ、小松菜を加えて中火でさっと煮て、器に盛ってもちをのせる。

中火

完食Point

ソッコー作れるお雑煮です。鶏肉から出るだしとかつおだしのダブルのだし使いで、驚くほどおいしくなります。

びっくり仰天！
無限ごま油鍋

20 min.

材料（4人分）

豚こまぎれ肉……300g
塩、こしょう……各ふたつまみ
キャベツ……1/4個
にんじん……1/2本
もやし……1袋
しめじ……1パック
にんにく……4かけ
絹ごし豆腐……1丁（300g）
ごま油……大さじ2

A｜ 水……1200ml
　｜ 鶏ガラスープのもと……大さじ4
　｜ 酒、みりん……各大さじ2

下ごしらえ

豚肉
塩、こしょうを
振る

豆腐
6等分に切る

キャベツ
ざく切り

にんにく
薄切り

しめじ
ほぐす

にんじん
短冊切り

1
いためる

なべにごま油、にんにく、豚肉を入れ、弱めの中火で軽くいためてとり出す。

弱中火

2
煮る

1のなべにAを入れて強火で煮立て、キャベツ、もやし、しめじ、豆腐、にんじん、1の順に入れ、にんじんがやわらかくなるまで弱めの中火で煮る。

強火　弱中火

完食
Point

先にごま油で豚肉とにんにくをいためて香りUP！　野菜もたくさん食べられて元気が出る激うまなべです。

汁まで飲み干せる 寄せ鍋

材料(4人分)

鶏もも肉……1枚
たら……2切れ
えび(冷凍)……10尾
白菜……1/8個
ねぎ……1/2本
にんじん……1/2本
しめじ……1パック
木綿豆腐……1丁(300g)

A｜ 水……1200ml
　｜ しょうゆ、みりん
　｜ 　　……各大さじ2と1/2
　｜ 酒……大さじ2
　｜ 顆粒かつおだし……大さじ1と1/2
　｜ 顆粒こぶだし……小さじ2
　｜ 塩…小さじ1/2

下ごしらえ

鶏肉
一口大に切る

えび
解凍する

たら
半分に切る

白菜
ざく切り

ねぎ
斜め薄切り

しめじ
ほぐす

にんじん
輪切り

豆腐
6等分に切る

1

なべつゆを作る

なべにAを入れて強火で煮立てる。

強火

2

具材を煮る

すべての具材を入れて中火で5分ほど煮て、卓上コンロであたためながら火が通ったものから食べる。

中火

完食
Point

しょうゆベースのなべつゆは、かつおとこぶの合わせだしで風味最高！ 鶏肉、海鮮、野菜とバラエティー豊かな具材で最後まで飽きずに食べられます。極うまつゆで〆のおじやも絶品です。

実は鶏だんごって
人気です！

完食Point

鶏だんごはたねに水を入れて保水すると、ジューシーでやわらかくなるんです！ 鶏とこぶのだしがきいた白湯スープで野菜もたくさん食べられます！

材料(4人分)

A 鶏ひき肉……300g
　　ねぎ(みじん切り)……1/2本
　　かたくり粉……大さじ1
　　塩……ふたつまみ
　　水……大さじ3
鶏もも肉……1枚
白菜……1/8個
ねぎ……1/2本
春菊……1/2束
しいたけ……4個
木綿豆腐……1丁
B 水……1200ml
　　酒……大さじ2
　　鶏ガラスープのもと、塩、ごま油
　　　　……各大さじ1/2
　　おろししょうが、顆粒こぶだし、
　　　　うまみ調味料……各小さじ1

下ごしらえ

鶏肉
一口大に切る

しいたけ
石づきをとって
半分に切る

春菊
ざく切り

豆腐
6等分に切る

白菜
ざく切り

ねぎ
1cm厚さの
斜め切り

1

鶏だんごを作る

ボウルに**A**を入れてよくねりまぜる。水を入れることで、つなぎなしでもジューシーでやわらかに。

2

鶏だんごを煮る

なべに**B**を入れて強火で煮立て、**1**をスプーンですくって落とし入れ、弱めの中火にして5分ほど煮たら一度とり出す。

強火 ▶▶ 弱火

3

具材を煮る

すべての具材を加え、鶏だんごを戻し入れ、中火にして5分ほど煮る。卓上コンロであたためながら火が通ったものから食べる。

中火

あのコンビニのおでん

材料（4人分）

大根……1/4本
ゆで卵……4個
焼きちくわ……1本
はんぺん……1枚
好みのねり物（がんもどき、さつま揚げなど）
　　……10個ほど
ちくわぶ……1本
こんにゃく……1枚
結びこぶ……4個
A｜水……1000ml
　｜白だし……100ml
　｜しょうゆ、みりん……各大さじ1

下ごしらえ

大根
2cm厚さの輪切りにし、両面に深さ半分まで十文字の切り込みを入れる（両面の切り込みの位置をずらす）

ちくわぶ
斜め4等分に切る

はんぺん
対角に4等分に切る

ちくわ
斜め4等分に切る

こんにゃく
長さを半分に切り、斜め半分に切る

1 大根を下ゆでする

なべに**大根**とかぶるくらいの水、米大さじ1（分量外）を入れて強火で煮立て、中火にして10分ほど煮る。竹ぐしがスッと刺さるくらいやわらかくなったら、ざるに上げて軽く洗う。

強火 ▶▶▶ 中火

2 煮る

土なべに**A**を入れて強火で煮立て、沸騰したら**はんぺん以外**の具材を入れ、ふたをして弱めの中火で10分ほど煮る（ふきこぼれそうになったら火を弱める）。

強火　弱中火

3 はんぺんを加える

はんぺんを加えてふたをし、1分ほど煮てさっと火を通す。

弱中火

完食 Point
白だしを使うと、一発で子どもから大人までみんなが大好きな、あのコンビニの人気おでんの味になります。大根は下ゆでのひと手間で感動の味に！

20 min. なべ

キムチ鍋って
市販のキムチから作ると
こんなにおいしいんだ！

材料（4人分）

豚こまぎれ肉……300g
キャベツ……1/4個
にんじん……1/2本
ねぎ……1本
にら……1束
絹ごし豆腐……1丁（300g）
A | 水……1200ml
　｜白菜キムチ……300g
　｜みそ……大さじ3
　｜酒、みりん、コチュジャン、
　　　鶏ガラスープのもと……各大さじ2

下ごしらえ

キャベツ
食べやすくちぎる

にんじん
短冊切り

ねぎ
斜め薄切り

にら
5cm長さに切る

1
具材を煮る

なべに**A**を入れてよくとかし、**豚肉、キャベツ、にんじん、ねぎ**を並べ入れ、強火にかける。煮立ったら弱めの中火にし、3分ほど煮る。

強火　▶▶▶　弱中火

2
にらと豆腐を
加える

にんじんがやわらかくなったら、**豆腐**を手でちぎって加える。**にら**をのせて強火にし、煮立ったら弱めの中火で3分煮る。

強火　弱中火

完食 Point

日本のみそと韓国のコチュジャン、みそのダブル使いでやみつきの味に！まろやかな辛みとうまみがたまりません。

ごはん・パン・めん

ヘトヘトの平日の夜、3食作るのにうんざりの休日の昼、
もう勘弁して！っていうときに、この章を見てくださいね。
単品だからがっかりじゃなくて、単品なのにテンションが上がる！
外食の人気メニューが、家で食べられる！
作る人も、食べる人も、ワクワクするように考えました。
簡単に作れて、洗い物も少ないけど、満足度は100％です。

沖縄のタコライス

Arrange!

タコミートに刻みパクチー
をのせて、ナチョスに。

材料（2人分）

豚ひき肉……200g

玉ねぎ……1/2個

A トマトケチャップ……大さじ4

　　中濃ソース……大さじ1と1/2

　　顆粒コンソメ、砂糖……各小さじ1

　　カレー粉、おろしにんにく

　　　　……各小さじ1/2

あたたかいごはん

　　……どんぶり2杯分（600g）

トマト……1個

レタス……1/4個

ピザ用チーズ……40g

トルティーヤチップス……お好みで

下ごしらえ

玉ねぎ
みじん切り

レタス
せん切り

トマト
1cm角に切る

1

いためる

フライパンに**ひき肉**、**玉ねぎ**を入れてふたをして中火にかけ、ときどきまぜながら玉ねぎがしんなりするまで5分ほどいためる。

2

調味する

Aを加え、水分をとばすように3分ほどいためる。

3

盛りつける

器に**ごはん**を盛り、**レタス**、**2**、**トマト**、**ピザ用チーズ**、好みで**トルティーヤチップス**をのせる。

完食
Point

いろいろなスパイスが入っているカレー粉を少しだけ使うのがポイント。カレー味にならず、スパイシーで本格的なタコミートになります。やみつきミートなので、ごはんと野菜がペロリです！

10分で煮込んだみたいなカレー

材料(2人分)

- 豚こまぎれ肉……200g
- 玉ねぎ……1/2個
- にんじん……1/2本
- カレールウ(中辛・市販)……1/2箱(70g)
- A | 牛乳、水……各250ml
- はちみつ……大さじ1
- あたたかいごはん……どんぶり2杯分

下ごしらえ

にんじん
薄めの
いちょう切り

玉ねぎ
薄切り

1 蒸す

深めのフライパンに**豚肉、玉ねぎ、にんじん**を入れ、ふたをして中火にかけ、ときどきまぜながら5分ほど蒸す。にんじんがやわらかくなったら**カレールウ**を加え、なじませるようにいためる。

中火

2 仕上げる

ルウがとけたら**A**を加えてまぜ、とろみがついたら**はちみつ**を加えてさっと火を通す。ごはんにかける。

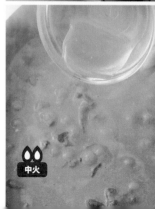

中火

完食Point

蒸した具材にルウをからめていためると、ルウがチョコレートのようにすぐとけるので短時間で具材に味が入ります。10分でコトコト煮込んだ味わいに。

なんちゃって激うまステーキガーリックピラフ

15 min.

ごはん

材料 (2人分)

豚こまぎれ肉……200g
A | かたくり粉……小さじ1
　　　塩、こしょう……各ひとつまみ
オリーブ油……小さじ1
あたたかいごはん……茶わん2杯分(400g)
B | 顆粒コンソメ……大さじ1/2
　　　バター……10g
　　　しょうゆ……小さじ2
　　　おろしにんにく……小さじ1

下ごしらえ

豚肉
Aをもみ込む

1 豚肉を焼く

豚肉を入れたフライパンに**オリーブ油**を回しかけ、**豚肉**の両面がカリカリになるまで弱めの中火で4分ほど焼く。

弱中火

2 ピラフを作る

豚肉をフライパンの端に寄せ、ごはんに、**B**を加えて木べらで切るようにいためる(豚肉は味つけしない)。ごはんに味がなじんだら、ピラフの上に豚肉をのせる。

弱中火

完食 Point

カリカリの豚肉ステーキとガーリックバターライスがめちゃ合います！ この手軽さでこのうまさは、もはや革命！

半熟オムライスを作る方法

材料（2人分）

玉ねぎ……1/2個
ピーマン……2個
ロースハム……2枚
サラダ油……大さじ1/2
バター……30g
あたたかいごはん……茶わん2杯分（400g）

A ┌ トマトケチャップ……大さじ3
　　│ 砂糖、鶏ガラスープのもと
　　│ 　　　　……各小さじ1
　　└ 塩、こしょう……各少々

B ┌ 卵……4個
　　└ 牛乳……大さじ2

下ごしらえ

ピーマン
1cm角に切る

ハム
1cm角に切る

玉ねぎ
みじん切り

1

具材をいためる

フライパンに**サラダ油とバター10g**を入れて中火で熱し、バターがとけたら**玉ねぎ、ピーマン、ハム**を加えて2分いため、弱めの中火にして**A**を加えて1分いためる。

中火　**弱中火**

2

ごはんを加える

ごはんを加えて中火にし、全体がなじむまでいため合わせ、半量ずつ器に丸く山になるように盛る。

中火

3

とろとろ卵を作る

フライパンの汚れをふきとり、**バター10g**を中火で熱し、まぜ合わせた**Bの半量**を入れて菜箸で大きく3周ほどまぜる。30秒ほど熱して半熟の状態でフライパンを揺すり、卵が動いたら**2**にスライドさせてのせ、**ケチャップ**（分量外）をかける。フライパンに**バター10g**を熱し、**残りのB**も同様に作る。

中火

完食Point

ケチャップをいためると、コクとうまみがアップ！また、サラダ油とバターを使うのもおいしくするコツ。卵はかぶせるのではなく、半熟状態のままスライドさせると、ふわとろに仕上がります！

こんなおいしい塩カルビ丼、初めて！

材料(2人分)

豚バラ薄切り肉……300g
かたくり粉……大さじ1/2
ねぎ……1/2本
A │ ごま油……大さじ2
まぜる │ 鶏ガラスープのもと
　　　　……小さじ1
　　　 塩、うまみ調味料
　　　　……各ひとつまみ
あたたかいごはん
　　……どんぶり2杯分

下ごしらえ

豚肉
かたくり粉を
もみ込む

ねぎ
みじん切り

焼く

豚肉は焼き色がつくまで弱めの中火で両面3分ずつさわらずに焼く。

弱中火

調味する

Aと**ねぎ**を加えて強火にし、さっといため、ごはんにのせる。

強火

完食
Point

カリッとジューシーに焼き上げた豚バラ肉は、まるで焼き肉屋さんの豚カルビ！ごま油を多めに入れることで全体がまとまり、ごはんがめちゃ進む悪魔のねぎ塩丼になります。

15 min.

北海道の豚丼

材料（2人分）

豚こまぎれ肉……300g
かたくり粉……大さじ1/2
玉ねぎ……1/2個
サラダ油……大さじ1/2
A ┃ しょうゆ、酒、みりん……各大さじ1と1/2
　　┃ 砂糖……大さじ1
　　┃ おろししょうが……小さじ1/4
あたたかいごはん……どんぶり2杯分

下ごしらえ

豚肉
かたくり粉をもみ込む

玉ねぎ
薄切り

1

いためる

フライパンの**豚肉**を広げ、**玉ねぎ**、**サラダ油**を入れて熱し、肉の色が変わるまで弱めの中火でさわらずに3分ほど焼き、上下を返す。

弱中火

2

調味する

玉ねぎがしんなりしたら**A**を加えて中火にし、全体にからむように2分いため、**ごはん**にのせる。

中火

完食 Point

豚肉にかたくり粉をもみ込んでさわらずに焼くことで、ジューシーで食べごたえのある焼き上がりになります。

158

とろける親子丼

15 min.

材料(2人分)

鶏もも肉……1枚
玉ねぎ……1/2個
卵……3個
A | めんつゆ（3倍濃縮）……大さじ3
　 | 砂糖……大さじ1/2
　 | しょうゆ……小さじ1
　 | 水……100ml
あたたかいごはん……どんぶり2杯分

下ごしらえ

鶏肉
一口大に
切る

玉ねぎ
5mm厚さ
に切る

卵
軽くまぜる

1 煮る

フライパンにAを入れて強火で熱し、ふつふつしてきたら中火にし、鶏肉、玉ねぎを加え、ふたをして5分ほど煮る。

強火　中火

2 卵を入れる

とき卵を全体に回し入れる。

中火

3 盛りつける

半熟の状態で火を止め、ごはんにのせる。

中火

完食 Point

めんつゆ＋砂糖＋しょうゆでお店の味に！ 卵はまぜすぎず、半熟状で火を止めると、とろとろに仕上がります。

あのお茶漬けの素再現!

材料(1人分)

緑茶のティーバッグ……1個

A 顆粒こぶだし、砂糖、塩
……各小さじ1/4

あたたかいごはん……茶わん1杯分

刻みのり……お好みで

1 だしを作る

ボウルに**ティーバッグ**を入れ、熱湯150mlを注ぐ。薄めに抽出し、**A**を加えてまぜる。

2 ごはんにかける

茶わんにごはんを盛り、**1**をかけて**のり**をのせる。

完食 Point

人気のお茶漬けのもとを完全再現しました! 緑茶は薄め＋少しの砂糖で甘みをプラス、これでそっくりです!

10 min.

子どもも作れる
冷やし明太
クリームうどん
です

材料（2人分）

冷凍うどん……2玉（380g）

からし明太子（またはたらこ）……1/2腹（45g）

A ｜ コーヒーフレッシュ（または生クリーム）、
　　 めんつゆ（3倍濃縮）……各大さじ2

青じそ……2枚

下ごしらえ

うどん
耐熱皿にのせてラップを
ふんわりかけ、電子レンジ
で袋の表示どおりに加熱

青じそ
せん切り

1
うどんを冷やす

うどんは流水で洗い、氷水
に1分ほどつけてよく冷や
し、ざるに上げて水けをき
る。

2
盛りつける

器に盛り、**A**の半量をそれ
ぞれ全体にかけ、**青じそ**、
ほぐした**明太子**をのせ、食
べるときによくまぜる。残り
も同様に作る。

完食 Point

明太子＋めんつゆ
＋コーヒーフレッシ
ュでバカうまです！
ランチや子どもの
おやつ、受験生のお
夜食にぴったり。

レンチン蒸し鶏の塩ラーメン

材料(2人分)

鶏もも肉……1枚

A | 塩……ひとつまみ
  | 酒……大さじ1

B | 水……800ml
  | 鶏肉から出た汁……大さじ2
  | 酒……大さじ1
  | 鶏ガラスープのもと、ごま油
  | ……各小さじ2
  | 塩、うまみ調味料……各小さじ1

中華めん……2玉

1 蒸し鶏を作る

鶏肉は観音開きにして耐熱皿にのせ、**A**を振ってラップをかけ、電子レンジ（600W）で8分加熱し、4等分に切る（鶏肉から出た汁大さじ2をとっておく）。

2 スープを作る

なべに**B**を入れて、強火でひと煮する。

強火

3 めんをゆでる

別のなべに湯を中火で沸かし、**中華めん**を袋の表示どおりにゆで、湯をきって器に盛り、**2**を注ぎ、**1**をのせる。

中火

完食 Point

鶏のうまみを存分に味わえる、シンプルなのに飽きのこない塩ラーメンです。鶏肉から出ただしを加えるので、深みのある味わいに。好みで半熟ゆで卵、刻みねぎなどをトッピングしてください。

市販のラーメンが
劇的においしくなる方法

材料（2人分）

豚こまぎれ肉……150g
かたくり粉……小さじ1
キャベツ……1/6個

A │ しょうゆ……大さじ1
オイスターソース……大さじ1/2
砂糖……小さじ1/2
鶏ガラスープのもと、うまみ調味料、
おろしにんにく……各小さじ1/4
水……200ml

B │ かたくり粉、水……各大さじ1と1/2
ごま油……小さじ1
しょうゆラーメン（市販）……2人分

下ごしらえ

豚肉
かたくり粉を
もみ込む

キャベツ
細切り

1 野菜あんを作る

フライパンを火にかけ、**豚肉**を弱めの中火で3分ほどいためる。**キャベツ**を加えて2分ほどいため、**A**を加えて煮立てる。

弱中火

↓

2 とろみをつける

まぜ合わせた**B**を加えてとろみをつけ、煮立ったら**ごま油**を回し入れて火を止める。

弱中火

↓

3 めんをゆで、スープを作る

なべに湯を沸かし、**めん**を袋の表示どおりにゆでる。器に**付属のスープのもと**を入れ、表示どおりの湯を注いでスープを作り、湯きりしためんを入れる。

↓

4 盛りつける

3に**2**をのせる。

完食Point

しょうゆラーメンにあんをかけてグレードアップ！ 食感がなめらかなあんかけにすれば、野菜いためは食べない子どもも完食まちがいなし！

見た目も完璧な
鍋焼きうどん

材料（1人分）

冷凍うどん……1玉
ねぎ……1/4本
かまぼこ……1cm厚さ
しいたけ……1個
卵……1個
揚げ玉……お好みで
A ┃ めんつゆ（3倍濃縮）……大さじ2
　　┃ 水……300ml

下ごしらえ

かまぼこ
2枚に
切る

しいたけ
石づきを除き、
飾り切り

ねぎ
斜め薄切り

1

うどんを煮る

1人用の土なべに**A**を入れて中火で煮立て、**うどん**を袋の表示どおりに煮る。

中火

2

具材を入れる

うどんが煮上がる直前に具材をのせてふたをし、卵が半熟の状態で火を止める。

中火

完食
Point

見た目がお店みたいだと家族みんなが完食します（笑）。つゆの中でうどんを煮るから、短時間で味がしみておいしい！

まじで
お蕎麦屋さんの
カレーそば

15 min.
めん

材料（2人分）

豚こまぎれ肉……150g
ねぎ……1/2本
ゆでそば……2玉
サラダ油……小さじ1
A | めんつゆ（3倍濃縮）……150ml
　 | カレー粉……大さじ1と1/2
　 | 砂糖……大さじ1
　 | しょうゆ……小さじ2
　 | 顆粒かつおだし……小さじ1
　 | 水……600ml
B | かたくり粉、水……各大さじ3

下ごしらえ

ねぎ
1cm厚さの
斜め切り

1

いためる

深めのフライパンにサラダ油、豚肉、ねぎを入れて強火で熱し、焼き色がつくまで弱めの中火で3分ほどいため、ねぎをとり出す。

強火 ▸▸▸ 弱中火

2

つゆを作る

Aを加えて強火で煮立て、弱めの中火にして2分ほど煮てねぎを戻し入れる。よくまぜ合わせたBを少しずつ加え、木べらでまぜながらかためにとろみをつけ、袋の表示どおりにゆでたそばにかける。

強火　弱中火

完食Point

ルウではなくカレー粉でおそば屋さんの味になります。めんつゆにしょうゆや砂糖を加えると、深みのある味わいに。

あのたらこ スパゲッティの素 作っちゃいました!

15 min.

材料(1人分)

たらこ……1/2腹(30g)

A | バター……10g
| サラダ油……大さじ1

B | 顆粒コンソメ……小さじ1
| 塩……ひとつまみ

スパゲッティ……100g

刻みのり……お好みで

1 ソースを作る

耐熱ボウルに**A**を入れ、電子レンジ(600W)で20秒加熱してとかし、**たらこ**を手でちぎって皮ごと加え、**B**を加えてまぜる。

2 あえる

なべにたっぷりの湯を沸かし、**スパゲッティ**を袋の表示どおりにゆでてざるに上げ、**1**のボウルに入れてあえ、**のり**を散らす。

完食 Point

バターだけでなく、サラダ油を入れるのがおいしさの秘密。パラリとした仕上がりが、やみつきになります。

リクエストの多い
トマトスパゲッティ

材料(2人分)

ベーコン……大3枚
玉ねぎ……1/2個
おろしにんにく……大さじ1/2

A
カットトマト缶……1/2缶(200g)
トマトケチャップ……大さじ3
中濃ソース……大さじ1と1/2
顆粒コンソメ……大さじ1/2
砂糖……小さじ2
塩……ふたつまみ
こしょう、赤とうがらし……各少々
水……600ml

スパゲッティ(7分ゆでのもの)……200g

下ごしらえ

ベーコン
短冊切り

玉ねぎ
薄切り

1 いためる

フライパンに**ベーコン、玉ねぎ、にんにく**を入れ、玉ねぎがしんなりするまで弱めの中火でいためる。

弱中火

2 煮る

Aを加えて強火で煮立て、**スパゲッティ**を加えて中火で9分ほど(袋の表示より2分ほど長めに)煮て、汁けがなくなったらでき上がり。

強火　中火

完食
Point

スパゲッティは別ゆでせず、ソースの中で煮るから、芯まで味がしみ込みます。うまみたっぷりでやみつきです。

こだわりのボロネーゼ

材料（2人分）

牛豚合いびき肉……200g
玉ねぎ……1/2個
オリーブ油……大さじ1
赤ワイン……50ml
A｜カットトマト缶……1/2缶（200g）
　｜ビーフシチューのルウ（市販）
　｜　……1と1/2かけ（30g）
　｜トマトケチャップ……大さじ2
　｜顆粒コンソメ……大さじ1/2
　｜砂糖……小さじ2
　｜塩……ひとつまみ
　｜こしょう……少々
スパゲッティ……200g
スパゲッティのゆで汁……大さじ4

下ごしらえ

玉ねぎ
みじん切り

★スパゲッティを袋の表示どおりにゆで、
ゆで汁大さじ4をとっておく

ゴロゴロ肉の本格
ボロネーゼです！
ひき肉は焼き固めて
からほぐすことで、
肉々しいソースに。
ゆで汁を加えるとパ
サつかず、ツルッと
最後まで楽しめます。

1 いためる

フライパンにオリーブ油を
強火で熱し、中火にして玉
ねぎを2分ほどいためて端
に寄せる。ひき肉を加えて
2分ほど焼き、焼き固まっ
たら返してあらくほぐす。
焼いている間に玉ねぎをい
ためる。

強火　弱中火

2 赤ワインを加える

ひき肉と玉ねぎを合わせ、
赤ワインを加え、強火で1
分煮てアルコールをとばす。

強火

3 ソースを作る

Aを加えて中火にし、木べ
らでトマトをつぶしながら
ルウを完全にとかす。

中火

4 あえる

ゆでたスパゲッティ、ゆで
汁を3に加え、よくからめる。

メープルシロップをかけて食べる
人気のチーズピザです

材料(1枚分)

A | 強力粉、薄力粉……各75g
塩……小さじ1/4
砂糖……10g
ベーキングパウダー……6g
水……90ml
ピザ用チーズ……150g
あらびき黒こしょう、メープルシロップ
　　……お好みで

1 生地を作る

ボウルに**A**を入れて菜箸でひとまとまりになるまでまぜる。

2 手でこねる

まとまったら、なめらかになるまで手で1分ほどよくこねる。手についた生地は打ち粉(分量外)をしてとる。

3 焼く

直径26cmのフライパンに生地をのせ、手で押さえながら底面いっぱいに広げて弱めの中火で5分ほど焼く。

弱中火

完食Point

チーズ大盛りでアゲアゲ！ 発酵なしだから、思いたったらすぐに作れます。メープルシロップの甘みとチーズの塩けが絶妙で、手が止まらなくなることまちがいなしです！

4 チーズを散らす

焼き色がついたら上下を返し、一度火を止めて**チーズ**を散らし、ふたをして弱めの中火で5分ほど焼く。器に盛り、**黒こしょう**を振って**メープルシロップ**をかける。

止 ▶▶ 弱中火

世界最速
ホワイトソースで
クロックマダム

15 min.

材料(1人分)

A	薄力粉	大さじ1
	バター	15g
	顆粒コンソメ	小さじ1/2
	砂糖	小さじ1/4
	塩	ひとつまみ
	牛乳	150ml
食パン(8枚切り)		2枚
ロースハム		1枚
卵		1個
ピザ用チーズ		40g

1 ソースを作る

耐熱ボウルに**A**を入れて泡立て器でまぜ、ラップをせずに電子レンジ(600W)で1分加熱し、泡立て器でよくまぜる。同様に「1分加熱して、まぜる」を3回くり返し、計4分加熱する。

↓

2 サンドする

食パン1枚に**1**の半量を塗り、**ハム**をのせてもう1枚の食パンを重ねる。

↓

3 焼く

2の表面に残りの**1**を塗り、土手になるようまわりに**チーズ**をのせ、中央にそっと**卵**をのせる。オーブントースターでチーズがとけて卵が半熟になるまで10分ほど焼く。

完食 Point

レンチンで作る世界最速ホワイトソースです。あふれ出る黄身とのダブルソースでテンションMAXです!

スーパー
サンドウィッチ

材料（2人分）

A	卵……2個	
	砂糖……大さじ1	
	顆粒かつおだし……小さじ1/4	

ロースハム……2枚
スライスチーズ……2枚
食パン（6〜8枚切り）……4枚
マヨネーズ……作り方2を参照
サラダ油……少々

完食Point

甘いだし巻き＋ハム＋チーズの塩け＋マヨネーズのコクのバランスが最高です！止まらないスーパーサンドウィッチです。

1
卵を焼く

ボウルに**A**を入れて切るようにまぜる。直径26cmのフライパンに**サラダ油**を中火で熱して**卵液**を流し入れ、ふたをして弱火にして焼く。表面が乾いたら半分に切り、それぞれ半分に折りたたむ。

中火　弱火

2
トーストする

食パン2枚にそれぞれ3周ずつ**マヨネーズ**をのせ、**ハム**をのせる。残り2枚も同様にマヨネーズをのせ、**チーズ**をのせる。1000Wのオーブントースターで2〜3分焼く。

3
サンドする

チーズをのせたパンに**1**の卵焼きをのせ、ハムをのせたパンではさみ、半分に切る。

藤原美樹（ふじわらみき）

主婦歴16年のおうち料理研究家。夫と長男（はる兄）、次男（れんちび）、長女（あんちゃん）の5人家族。自身のブログ「藤原家の毎日家ごはん。」が1日平均180万アクセス、YouTubeチャンネル登録者数41万人、インスタグラムフォロワー34万人。『世界一親切な12カ月おやつ』『世界一親切な大好き！家おやつ』（ともに主婦の友社）、『みきママの100楽レシピ』（扶桑社）ほか、著者累計240万部を突破。

完食! 家ごはん

2021年1月31日　第1刷発行
2022年8月31日　第10刷発行

著者
藤原美樹

発行者
平野健一

発行所
株式会社主婦の友社
〒141-0021 東京都品川区上大崎3-1-1 目黒セントラルスクエア
電話 03-5280-7537（編集）
　　　03-5280-7551（販売）

印刷所
大日本印刷株式会社

© Mikimama 2020　Printed in Japan　ISBN978-4-07-445179-1

調理アシスタント
勝川美里、平原あさみ

表紙・本文デザイン
文京図案室

撮影
佐山裕子（主婦の友社）

スタイリング
坂上嘉代

イラスト
齋藤よしこ

取材・構成
水口麻子、浦上藍子

編集担当
山口香織（主婦の友社）

・本書の内容に関するお問い合わせ、また、印刷・製本など製造上の不良がございましたら、主婦の友社（電話03-5280-7537）にご連絡ください。
・主婦の友社が発行する書籍・ムックのご注文は、お近くの書店か主婦の友社コールセンター（電話0120-916-892）まで。
＊お問い合わせ受付時間　月～金（祝日を除く）9:30～17:30
主婦の友社ホームページ　https://shufunotomo.co.jp/

Ⓡ〈日本複製権センター委託出版物〉
本書を無断で複写複製（電子化を含む）することは、著作権法上の例外を除き、禁じられています。本書をコピーされる場合は、事前に公益社団法人日本複製権センター（JRRC）の許諾を受けてください。また本書を代行業者等の第三者に依頼してスキャンやデジタル化することは、たとえ個人や家庭内での利用であっても一切認められておりません。

JRRC〈https://jrrc.or.jp　eメール：jrrc_info@jrrc.or.jp　電話：03-6809-1281〉